그대와의 인연이 **꽃** 피고 지는 동안

그대와의 인연이

꽃 피고 지는 동안

오 철 수
김 청 미

 새로운눈®^^

그대와의 인연이 꽃 피고 지는 동안

2025년 10월 10일 초판 1쇄 발행

지은이   김청미, 오철수
펴낸이   이춘호

편집주간 유종화
디자인   이지현
마케팅   장기봉
사 진   정필홍

등 록   2002. 2. 22. 제2-4295호
주 소   서울시 중구 퇴계로32길 34-5(예장동)
전 화   (02) 2272 – 6603
팩 스   (02) 2272 – 6604
이메일   dangre@dangre.co.kr

ⓒ 김청미, 오철수 2025

ISBN 9788993779066

이 책의 출판권은 새로운눈 출판사가 소유합니다.
저작권법에 따라 보호를 받는 저작권이므로 무단 전재 및 복제를 금합니다.
새로운눈은 당그래출판사의 인문학 브랜드입니다.

머리말

우리는 태어난 순간 우주적 필연이기라도 한 듯 모두가 서로 연루되어 있으며 서로를 부르고 있다. 삶을 잘 산다는 것은 타자(생명의 그물)를 존중하며 '차이'로서의 내 몫을 열심히 산다는 것이다. '나에게 주어진 몫의 삶'과 '타자에 대한 존중의 마음', 이를 한마디로 표현한 것이 '가난한 마음'이다. 그리고 그 가난한 마음을 견지할 때 지금을 가장 풍요롭게 살 수 있다.

우리의 문명이 발달할수록 타자는 물론 생태에 대한 배려와 존중을 잃는 삶을 살게 된다. 그 배려하지 않음은 고스란히 우리에게 재앙으로 온다. 지금이라도 내 안에 들어와 있는 수없이 많은 관계를 느껴야 한다. 생명적 존재의 풍요를 느끼는 것이다. 그 마음은 우리의 행복과 자유를 위한 구체적 실천이다.

여러분도 아이와 함께 읽었던 권정생 선생님의 「강아지똥」이라는 그림동화를 기억할 것이다. 자신이 가치 없다고 생각한

강아지똥이 시무룩하게 있을 때 민들레가 말한다. "네 몸뚱이를 고스란히 녹여 내 몸속으로 들어와야 해. 그래야만 별처럼 고운 꽃을 핀단다."/ "강아지똥은 얼마나 기뻤던지 민들레 싹을 힘껏 껴안아 버렸어요."이렇게 생명적 관계의 그물 속에서 자기를 찾을 수 있다면, 그때 제각각인 채로 아름다운 일치를 이루는 세상을 꿈꿀 수 있게 된다.

〈시이야기공동체〉는 시를 통하여 이런 생명적 관계를 이야기하고자 한다. 시인의 눈에 비친 생명의 아름다움, 관계의 아름다움, 그리고 앞으로 우리가 나아갈 삶의 방향들을 찾아보았다. 시에서 관계의 아름다움이나 나눔을 읽어내면서 자기의 생명적 가치를 모두의 풍요로 누리며 살 수 있기를 바란다. 어쩌면 이번 글은 그런 덕목들로 들어가는 디딤돌을 놓는 과정일지도 모른다. 그에 대한 더 많은 실천과 시들이 나와 준다면 더없는 기쁨이 될 것이다.

2025. 10

우리가 사랑한 세상에서
김청미. 오철수, 유종화, 이춘호

그대와의 인연이 꽃 피고 지는 동안

1장. 세계는 서로를 부르는 관계의 그물이다

1. 물이 출렁이듯 긴밀하게, 마치 12
2. 그리하면 나는 너를, 너는 나를 16
3. 퍼내도 퍼내도 차랑차랑했던, 어디에 21
4. 나는 너에게 가고 너는 나에게 온다 25
5. 산 그림자 들자 낮은 물 깊어지듯 인연들 겹겹이 29
6. 나에게 온 놀라운 선물 32
7. 아궁이에 던져져 하룻밤 불쏘시개가 되더라도 36

2장. 내 안에 들어온 관계의 그물을 느끼는 풍요로움

1. 부분이었고 또 전부였던 그대는 40
2. 그대가 그러함으로 나도 그러한 45
3. 밤하늘, 별자리를 통째로 50
4. 잘 드러나지도 않는 거기에서 54
5. 누가 가르친 것도 아닌데 우리는 58
6. 그대와의 인연이 꽃 피고 지는 동안 63

3장. 상호의존하는 삶의 숨결은 아름답다

1. 여기서 당신을 지키고 있을 테니 68
2. 당신이 온 후로 오랫동안 72
3. 네 앞에 무릎을 꿇고 앉아 77
4. 그대 아픈 것은 아픈 누군가 있기 때문이다 81
5. 수없이 많은 그대가 아닌 그대로부터 85
6. 나의 것이라 여겼던 어리석음으로 90

4장. 내가 너를 느끼고 네가 나를 느낄 때

1. 너의 말에 귀 기울였다면 너도 나에게　　　　96
2. 내가 할 수 없는 모든 것이 그의 삶이 되어　　　　100
3. 나 또한 너처럼 세 들어 살고 있는　　　　108
4. 눈부신 날갯짓 소리 들릴 듯한데　　　　111
5. 당신의 말이 내가 되고 나의 말이 당신이 되니　　　　117
6. 나는 당신 안에서 숨 쉽니다　　　　124

5장. 마음을 전환하라, 서로가 필요한 서로의 관계로

1. 끝내 물 한 바가지 길어 올릴 수 없는　　　　132
2. 보이지 않는다고 그대 없는 것 아니니　　　　136
3. 두드려도 끝내 떨어지지 않는　　　　141
4. 잘디 잔 것이 형형색색 각각인　　　　146
5. '나'만 생각하고 살아간다는 것은　　　　152
6. 둥그렇게 몸 부풀려 고요히 떠받들고 있는 것들　　　　157
7. 튕겨오를 수 있을 만큼의 휘어짐을 딛고　　　　161

6장. 그대는 나에게 나는 그대에게 꼭 필요한

1. 그대와 다르기에 더 아름다워지는　　　　168
2. 무엇도 버릴 것이 없는 너였기에　　　　172
3. 복사꽃처럼 환하게 피어나는　　　　177
4. 바라보고 또 바라보면 그들먹하니　　　　184
5. 당신을 곁하여 더욱 푸르러지는　　　　191

7장. 나눌수록 하나 되는 세상 속으로

1. 그렇게 흘러가는 것이 사랑이라면   196
2. 집착을 버린다면 결코 혼자이지 않은   201
3. 나 이곳 떠나 다른 세상 도착할 때   204
4. 눈 뜨고도 못 보고 놓쳐버린   207
5. 무한히 먹어 치우다가 결국 나까지   211
6. 겨울을 이기고 봄을 기다릴 줄 아는   216
7. 경계를 허물고 속살을 나누는   220

8장. 가난한 마음만이 다 가질 수 있다

1. 나라는 차이에 너를 들이려고   226
2. 가장 가난한 마음으로 가기 위해   231
3. 내가 있을 곳은 오직 그 뿐   235
4. 버겁게 끙끙대며 이렇게까지   239
5. 구속하고 소외시키는 어느 순간   243
6. 하나만으로 가득 좋아라   249

맺음말. **물처럼 흘러가는 삶을 위해**   254

1장.
세계는 서로를 부르는
관계의 그물이다

1. 물이 출렁이듯 긴밀하게, 마치 –김경윤 「논물 드는 저물 무렵」

2. 그리하면 나는 너를, 너는 나를 –서은 「개구리와 살모사」

3. 퍼내도 퍼내도 차랑차랑했던, 어디에 –김명수 「관우물」

4. 나는 너에게 가고 너는 나에게 온다 – 이민숙 「날개」

5. 산 그림자 들자, 낮은 물 깊어지듯 인연들 겹겹이
   – 함민복 「논 속의 산 그림자」

6. 나에게 온 놀라운 선물 – 권경업 「별들이 쪽잠을 자고 간」

7. 아궁이에 던져져 하룻밤 불쏘시개가 되더라도 – 조향미 「꺾인 나뭇가지」

물이 출렁이듯 긴밀하게 마치

지금의 내가 있기까지는 수많은 관계가
얽혀있다. 아무리 사소한 것일지라도 그것이 빠지면 지금의
나는 없다. 인간과의 관계뿐만 아니라 만물이 생태적으로 깊
게 연결되어 있다. 이를 단순화하면 내 안에 온 우주가 다
들어와 있다. 또한 나로부터 온 우주가 풀려나가는 모양이
다. 내 앞에 있는 어떤 물건도 마찬가지다. 그것이 내게 오
기까지의 '인연의, 인연의, 인연의……' 길을 통하여 내게 왔
고 다시 흘러 나갈 것이다. 그리고 지금의 그것도 수많은 관
계 속에 존재한다.

이렇게 생각하면 어떤 존재이건 그 안에 온 우주가 다 들
어와 있다. 또한 그것으로부터 온 우주도 풀려나간다.

김경윤 시인의 시 「논물 드는 저물 무렵」(『신발의 행자』, 문학들,
2007)의 풍경에는 고립된 존재가 하나도 없다. "해종일 땡볕

에 목마른 애기모들/ 살랑살랑 고사리손 흔들며 못물 빠느라/ 자꾸 몸 뒤척일 때마다"는 부모가 농사일하느라 "젖배 곯은 아이들 칭얼대는 소리"로 이어진다. 그것은 다시 "애기별"과 연결되고, "마른 논에선 보릿대 태우는 매운 연기"가 "찔레꽃 향기로" 번지고, 다시 "수백 수천의 개구리 떼 울음소리"로 이어진다. 그 이어짐이 너무나 긴밀하여 마치 물이 출렁이듯 하다. 그 출렁임의 절정에 "일순 청청한 하늘에 애기별 몇 놈 글썽이는"이 있다. 모든 것이 기대어 생겨나는 논물 드는 저녁 풍경이다.

이 풍경에 담긴 관계의 의미를 정리하면

첫째, 사람의 일과 자연의 일이 상호인과적이다. 농사짓는 일은 자기 기분에 따라 하는 게 아니라 자연의 흐름에 의존한다. 기후 조건에 따라 조금씩 다르지만, 자연의 순리에 맞추는 것이다. 자연과 관계를 잇는 일이기에 인간 또한 자연의 흐름에 자기 몸을 맞추어야 살 수 있다.

둘째, 자연과 사람이 서로의 생명을 나누는 관계이다. 애기모가 물을 빨려면 물꼬를 터야 한다. 손 모자라는 농촌에서 모내기 철은 가장 바쁠 때이다. 바쁜 엄마가 있어 어느

집에선 "젖배 곯는 아기들 칭얼대는 소리"가 있을 수 있다. 그렇기에 농부와 애기모, 애기모와 아기도 "아는지 모르는 지" 근원적인 연대성을 가질 수밖에 없다. 논은 논이고 사람 은 사람이라는 식으로 말할 수 없다. 정말 그렇다는 듯이 순 번 걱정하는 마른논 보릿대 태우는 연기를 신호로 무논 개 구리들이 "온 들녘을 몇 번인가 들었다 놓았다" 한다. 개구 리가 그 모든 관계에 즉(卽)하여 우는 것이다. 애기모—젖배 곯은 아기—수백 수천의 개구리 떼 울음소리라는 생명의 흐 름이 상호의존성의 그물을 출렁이게 한다.

셋째, 관계의 밀도가 엄청나다. 듬성듬성한 관계가 아니라 중중연기(重重緣起)의 관계다. 이 시에서는 눈에 보이는 것만 말하지만, 그 사이사이는 '관계의, 관계의, 관계의……'로 이 어진 거대한 인연의 그물이다. 젖배 곯은 아이의 칭얼거림이 아기모와 젖을 나누어서라는 관계까지 보여준다. 그렇다면 그 안에서 중요한 것과 중요하지 않은 것이, 따로 있을 수 없다.

넷째, 대기, 바람, 태양 등으로 이어진 관계가 천지를 하 나로 묶는다. 그래서 "일순 청청한 하늘에 애기별 몇 놈 글썽이는"이라는 미의식이 살아난다. 시인은 지금 아기모와 젖배 곯은 아기와 아기별이 하나로 통하는 거룩한 순간을 체험한 것이다. 그래서 하늘과 대지와 인간(天地人)이 통하는 "서산마루에 불그레한 저녁놀이 장엄"하다. 땅의 모든 것과 인간과 하늘의 마음이 생명을 염려하는 한마음으로 하늘의 애기별도 눈물을 글썽이듯 반짝인다.

그러니 '지구의 어느 한구석에서 사과 하나가 떨어져도 이것이 우주의 끝까지 순식간에 알려진다, 아니 우주 전체가 알게 된다.'는 벨의 정리(Bell's theorem)가 결코 과장이 아니다. 선(禪)불교에서, 물고기의 눈물 속에 만상(萬象)이 있었다는 말도 결코 허황된 말이 아니다. 그래서 "서산마루에 불그레한 저녁놀이 장엄"하다.

그리하면
나는 너를, 너는 나를

　　　　　"어떤 것도 그것 자체가 무엇이냐가 아니라
다른 것과의 관계로 정의되어야 한다." – 베이트슨

　관계 속에 내가 있다면 관계의 맺고 풀림이 나의 삶 그
자체이다. 불가에는 세상 만물이 이처럼 관계적으로 존재함
을 일러 의타기성(依他起性)이라고 한다. 타자에 의지하여 자신
을 일으킨다는 말이다.

　이 글을 쓰는 나의 존재는 이 글을 쓰게 했던 그간의 모
든 상황에 의지한 것이다. 그중에 하나라도 빠지거나 없었다
면 이 글을 쓰고 있지 않을 것이다. 지금의 내가 없는 것이
다. 그러니 모든 존재는 모든 존재로부터 비롯된다고 말할
수 있다. 그래서 삼라만상이 인연소생(因緣所生)에서 비롯된 것

이라 말할 수밖에 없다.

또한 모든 존재는 고정불변거나 고유한 자성(自性)을 가질 수 없다. 모두가 '의하여' 모두이다. '의하여'의 움직임에 따라 순간의 모습을 띠고 변하여 간다. 그럼에도 가유(假有)로서의 나, 생성하고 변하는 나는 있다. 있기 위해 사방팔방으로 관계를 부른다.

이런 관계의 그물을 장자는 다음 우화로 보여준다.

장자가 조릉(雕陵)이라는 밤나무 울타리 안을 거닐고 있을 때, 이상하게 생긴 까치 한 마리가 장자의 이마를 스칠 정도로 쏜살같이 밤나무 숲으로 날아갔다. 장자는 그 까치를 잡으려고 활을 겨누고 있었는데, 마침 그 숲에 매미 한 마리가 짙은 그늘에 있었고, 그 곁에 사마귀가 앞발을 들어 잡아먹으려고 하였고, 까치도 그 사마귀를 노리느라 장자의 이마를 스칠 정도로 날아갔다는 것을 알게 되었다.

이에 장자는 문득 깨달아 다음처럼 말한다.

"아아 만물은 진실로 서로 연루되어 있고, 두 가지 다른 종류(이익과 손해)가 서로를 부르고 있구나". 그렇게 탄식하며 장자가 울타리 안에서 나오는데, 이번에는 밤나무 숲지기가

쫓아오면서 장자가 도둑인 줄 알고 욕설을 퍼부었다 — 『장자,
외편』「산목(山木)」에서

'매미-사마귀-까치-활 겨누는 장자-숲지기'의 연쇄 사슬
이렇게 세상 만물은 관계가 서로 그물처럼 연결되어 있다.
이것이 저것에 연루되어 있다. 저것이 이것에 기대어 서로를
부르는 '상루(相累)'와 '상소(相召)'의 관계이다. 그러니 그 관계
가 무너지면 나도 없다. 자기의 고유한 이름을 갖는 것도 사
실은 고유성이 아니고 관계 그물에 의해 엮어져서 나온 이
름일 것이다.

서은 시인의 시 「개구리와 살모사」는 마치 장자 이야기의
예문을 보는 듯하다. "오메! 코앞에 살모사 한 마리…… 팽
팽하게 무언가를 쏘아보고 있"는데 "사태를 눈치채지 못한
개구리가/납작 엎드려 또 무언가에 집중하고 있다"

시에서는 둘의 관계만 클로즈업되어 있지만 실은 장자가
말했던 '매미-사마귀-까치-활 겨누는 장자'식의 연쇄 사슬
이다. 서로 연루되어 서로를 부르는 관계이다. 물론 개구리
가 자기를 잡아먹는 살모사를 부르지는 않았겠지만 이럴 때

어떤 이들은 네 몫에만 빠져 있다가는 네 목숨을 잃게 된다는 식으로 말하기도 한다. 하지만 이런 생각들은 '너무나 인간적인' 해석일 뿐이다.

  이런 동물 세계에 대해 아는 바가 깊지는 않지만, '늑대와 순록' 관계에 빗대어 예시할 수 있다. 늑대에게 먹히는 순록의 입장은 늑대가 없어져야 할 동물이다.
  그러나 늑대가 없어지면 순록의 숫자가 너무 많아져 먹이가 부족하게 된다. 궁극적으로 순록 전체를 위험에 빠트리게 한다, 그리고 순록은 늑대를 피해 뛰어다니느라 다리가 튼튼해지고 건강한 종을 유지하여 생태계에 존재할 수 있다고 한다. 한 치 앞도 못 보는 눈으로는 가늠이 안 되는 커다란 관계의 경제이다.

  이처럼 전혀 다른 둘이 서로가 서로에게 의지하여 자기를 가진다. 그래서 그 관계가 사라지면 살모사도 개구리도 사라지게 된다. 그러니 관계란 것은 일방적일 수 없다. '의하여' 서로를 부르며 존재한다.

  "살모사 한 마리/ 똬리를 틀고 앉아/ 뾰족한 머리를 꼿꼿이

쳐들고/ 팽팽하게 무언가를 쏘아보고"있는 순간은 개구리를 잡아먹기 위한 동작이다. 그 때가 우주를 관통하는 관계의 법이 드러나는 순간이다. 당연(當然)을 추구하는 인간의 관점을 넘어 자연(스스로 그러함)이 흐르는 순간이다. 그래서 시인도 "긴장과 집중의 끈을 놓지 못하고/ 한껏 소름이 돋아"있는 것이고, 자못 경건하게까지 느낀다. 잡아먹히는 것은 안 됐지만 인간적 동정심과는 무관한 자연의 관계 법이 드러나는 순간이기 때문이다.

이렇게 서로 부르고 불리며 이어진 관계를 '상호의존성'이라 부른다. 이것은 저것을 원인으로 하여 발생하고 저것은 이것을 원인으로 하여 발생한다는 것이다. 서로가 서로에게 원인이고 결과인 셈이다. 모두가 일방적이지 않다. 서로의 등에 기대어 엮여 있는 것이다.

퍼내도 퍼내도 차랑차랑했던, 어디에

자연은 위아래도 없이 촘촘히 짜인 관계의 그물망이다. 관계의 필요가 존재를 낳고 생성 변화를 낳는 것이다.

베르나르 패튼이 "생태학은 연결망이다"고 단언하듯이 모든 생물이 생태학적 집단의 구성원일 뿐 아니라 그 자체가 복잡한 생태계의 일원이다. 이 생명의 그물은 수많은 연결망으로 이루어진다. 이것들이 서로 의존하고 상호작용을 하면서 전체의 특성을 만든다. 수십억 년에 걸친 진화 과정에서 무수한 종(種)이 이처럼 단단한 집단을 형성했기 때문에, 전체로서의 체계는 마치 다중으로 창조된 거대한 생물과도 같다. 이것들의 관계를 통해 생명을 나누고 의지하고 창조한다. 그러니 관계의 끈 하나가 끊어지면 커다란 변화가 일어날 수밖에 없다.

김명수 시인의 시「관우물」(『바다의 눈』, 창작과비평사, 1995)은 이런 관계의 사슬을 잘 보여준다. 마을의 대동우물이 말라버렸다. 반월공단이 들어서면서 마을이 파헤쳐지고 어떤 관계의 끈이 끊기면서 유서 깊은 우물물이 말라버린 것이다.

이런 개발도 처음에는 우리의 삶을 위한다는 명목이었다. 그때 사람들은 실리를 계산했을 것이고 이익이 되는 쪽으로 선택했다. 어떻든 땅이 파헤쳐졌고 우물물도 말라버렸다. 그 우물물 곁에 있던 돌배나무도 뽑힐 수밖에 없게 되었다. 어떤 관계 하나가 흐트러지면서 마을이 연쇄반응을 일으키며 죽어간 것이다.

아파트가 들어서고 공장들 근처에 유흥가도 들어선다. 객지 사람들이 늘어나면서 문화도 달라져 예전의 모습은 찾을 수 없게 되었을 것이다. 삶의 양식만 변한 게 아니라 삶의 근거까지 변해버린 것이다.

시인의 말처럼 뿔뿔이 흩어졌던 그들이 호적등본을 떼러 왔다가 그 우물을 통해 자신들 속에 "아침으로 저녁으로/ 떠들썩 웃음과 인정"이 사라졌음을 본다. 관계망의 끈 하나가 끊어지면서 시작된 한 마을의 변화이다.

이 시를 읽다 보면 발전이라는 게 도대체 뭘까? 생각하게 된다. 웃음과 인정이 사라졌는데, 웃음과 인정이 넘치는 발전이 아니라면 무엇을 위한, 무엇의 발전일까?

그래서 시에서 "말없이 물끄러미 바라다본다"라는 말이 묘한 느낌을 준다. 이때 마을을 보는 주체는 마을을 떠났던 사람들이다. 하지만 그 응시(凝視)는 역으로 "온갖 오물 쓰레기 비닐봉지들이 가득 찬/ 그 우물 자리"가 인간을 보고 있는 것 같다. 우물과 마을의 파괴만이 아니라 인간의 파괴이기도 하다는 성찰이 생기는 순간이다.

인디언 할아버지의 말씀이다.

"인간이 한 장소를 더럽히면 그 더러움은 전체로 퍼진다. 마치 암과 종양이 신체의 여러 부위로 번지는 것과 같다. 대지는 지금 병이 들어있다. 인간이 대지를 잘못 대했기 때문이다. 머지않아 많은 문제가 일어날 것이다. 가까운 미래에 큰 자연재해가 일어날지도 모른다. 그러한 것들은 대지가 자신의 병을 치료하기 위한 필수적인 과정이다.

이 대지 위에 세워진 많은 것들이 대지에 속한 것들이 아니다. 그것들은 신체에 침투한 바이러스처럼 대지에게 참을 수 없는 이물질들이다. 당신들은 아직 문제의 심각성을 느끼지 못할지도 모르겠으나, 머지않아 대지는 자신의 병을 치료하기 위한 시도로 크게 몸을 뒤흔들 것이다. 사람들이 이 사실을 깨닫는 것이 무엇보다 중요하다.

지구는 하나의 살아 있는 생명체이다. 지구는 인간과 마찬가지로 그 자체의 의지를 가진, 보다 높은 차원의 인격체이며, 따라서 육체적으로나 정신적으로 건강할 때가 있고 병들 때가 있다. 사람이 자기 신체를 존중해야 하듯이 지구도 마찬가지다. 너무도 많은 사람들이 지구에 상처를 가하는 것이 곧 자기 자신에게 상처를 가하는 일이며, 자기 자신에게 상처를 가하는 것이 곧 지구에게 상처를 가하는 일이라는 것을 깨닫지 못하고 있다."(롤링 썬더/ 체로키족)

인도나 몽골 같은 유목민들은 한곳에 정착하여 사는 것을 더럽다고 인식했다. 한곳에 오래 살면 양이나 염소가 풀의 뿌리까지 먹어 치워서 생태계 전체가 파괴된다고 생각했기 때문이다. 지금은 세계가 한곳에 정착하여 사는 것이 보편화되었다. 그래서 우리는 주변과 어떻게 조화를 이룰지를 더 생각해야 할 것이다. 지구가 자신을 치료하기 위해 몸을 흔들기 전에......

나는 너에게 가고
너는 나에게 온다

세계는 상호의존 관계로 끝없이 이어져 있으며 끊임없이 변하는 세계이다. 이어짐도 무수한 이어짐이고 조건 또한 무수하다. 불교에서는 삼라만상이 그물망처럼 인과적으로 중중무진(重重無盡)하게 얽혔다는 뜻에서 '제망찰해(帝網刹海)' 또는 '인드라망'이라 한다.

인드라망은 제석천(帝釋天) 궁전을 꾸민 그물로 모든 그물코에는 보배구슬이 박혀있다. 이 보배구슬에는 동, 서, 남, 북 사방(四方)과 북동, 북서, 남동, 남서의 사유(四維) 그리고 상하까지 포함하여 총 시방(十方)의 모든 모습이 비친다.

하나의 구슬에 다른 모든 구슬의 그림자가 비치고, 다른 모든 구슬 하나하나에도 역시 또 다른 모든 구슬의 그림자가 비친다. 이것을 일중누현(一重累現)이라 한다.

또한 하나의 구슬에 비치는 다른 모든 구슬 속에는 각각의 구슬에 비추어진 또 다른 모든 구슬 그림자까지도 비치게 되어 더욱 장관을 이룬다. 이를 이중누현(二重累現)이라 한다.

이 그림자는 삼중, 사중, 오중 내지는 무한히 겹쳐지게 되는데 이를 중중무진(重重無盡)이라고 한다.(박경준 「불교의 관점에서 본 자연」에서 요약)

모든 존재자는 그 자체로 관계의 존재이다, 그것도 우주로 이어진 관계의 그물 안의 한 코와 같은 존재이다.

이민숙 시인은 시 「날개」(『나비 그리는 여자』, 내일을 여는 책, 2004)에서 "날개에 땅(繡) 놓여졌다!"고 말한다. 왜가리 날개에는 왜가리 날개를 있게 한 것, 왜가리가 찍어 먹은 지렁이뿐만 아니라 '그 모든 것'이 있다. 그 모든 것으로 하여 왜가리 날개이다. 모든 인연이 충족되어 있기에 날개에 땅이 수 놓여 있다고 말하는 것이다.

그 '수(繡)'를 다른 말로 바꾼다면 '무한한 관계 혹은 인연'

이 될 것이다. 자수는 보이는 면의 물체를 만들기 위해 뒤로는 이리저리 연결되게 짜여 있다. 붉은색 실이 초록색 실과 꼬이기도 하고 연결되기도 하고 겹치기도 하며 하나의 형상을 만든다. 그렇듯 지렁이가 없다면 왜가리도 먹이가 없어서 찾아들지 않을 것이다. 그런 땅이라면 척박하여 소도 없고 농부도 없을 것이다. 또 지렁이가 살지 못할 정도의 땅이라면 이미 밭이 아니다. 그러니 거기에 밭도 없다. 또 지렁이가 살기 위한 모든 미생물, 기타 등등도 없다. 그렇게 되면 이 시를 쓴 시인도 거기에 없었을 것이며 이 시 또한 없었을 것이다.

무엇 하나를 생각해도 하나의 존재는 관계의 소산이며 온 세상이 들어와 있다. 한계를 하나 둘 지우면 존재도 사라진다. 무엇 하나에도 타자(他者)가 수(繡) 놓여 있기 때문이다. 그렇게 나는 너에게 가고 너는 나에게 온다. 서로의 삶을 상감(象嵌)하고 있다. 모두의 생은 서로에게 보내는 연결망으로 되어 있고, 우주를 돌아 다시 서로가 된다.

그러니 어찌 스스로 누군가에게 가는 좋은 인연이고자 노력하지 않겠는가?

그래서 시인도 "나, 저렇듯 몸 갈아엎어/ 얼어붙은 목숨 녹여 한 끼 먹이 될 때/ 흰 날개 세상 초입에 들 수 있을까"라고 말한다. 모든 것이 연결되어 하나라는 사실을 깨달을 때 지금의 나를 그 관계 속에서 완성하려는 마음이다. 그것이 제 몸을 갈아엎어 한 끼 먹이가 되어주는 것이다. 나눔을 통해 자기 안에 관계의 그물과 하나가 되는 완성이다. 그때 우리는 나라는 개체를 넘어서 한 몸으로의 '우리'가 되는 것이다. 시인은 제 몸에 우주를 연결하는 그물이 살아나는 그 순간, "양어깨가 싸하다"고 한다. 거대한 각성, 내 몸 하나에 닫혀있던 존재가 우주적 관계를 회복하는 순간이다.

　　"날개에 땅수(繡) 놓여졌다!"는 말이 참 좋다. 굳이 그 의미를 생각하지 않고도 '꿈에 현실이 수 놓여졌다.'라든지 '너의 말에는 별들이 수 놓여졌다.', '저 꽃잎에는 땅의 숨결과 하늘의 웃음이 수 놓여졌다' 식으로 바꾸어 보면 인연이 새겨있는 듯한 느낌이다. 내가 나로 고립되어 있지 않다는 주문 같다. 그럴 때 우리는 내 안에 들어온 모든 것에 의해 존엄해지고 필연적인 존재로 살아난다.

산 그림자 들자
낮은 물 깊어지듯 인연들 겹겹이

우주 만물이 서로 상호의존관계로 이어져 있다고 생각하는 사람은 그 생각만으로도 풍요로운 사람이다. 더 이상 개별적이고 고립된 존재가 아니다. 모두가 서로 나누는 존재이며 스스로 나누고 있음을 의식하는 존재이다. 각자가 고유성을 발휘하면서도 전체와 조화를 이루며 살고 있음을 느끼는 것이다. 그것만으로도 풍요로운 사람이다.

함민복 시인은 시「논 속의 산 그림자」(『말랑말랑한 힘』, 문학세계사, 2022)에서 물 잡아 놓은 논배미에 산 그림자가 들자, 낮은 물 깊어진다고 한다. 낮으면서도 깊이가 생긴 것이다. 논에 들어온 인연들이 겹겹이 만들어 낸 깊이다. 겹겹이 만든 심미 의식이 인드라의 보배구슬 하나에 중중무진의 보배구슬로 들어와 있는 것 같다.

물 잡아 놓은 논배미에 어디 산만 들어와 있겠는가. 하늘, 바람, 구름. 햇빛도 들어와 있다. 밤에는 달, 별, 은하수도 들어와 있다. 헤아릴 수 없는 인연들이 들어와 있다. 그것들이 논의 깊이를 만든다. 그저 논일뿐인 거기에 왜 "산 그림자 산 높이의 열 배쯤/ 한 십여 리/ 어떻게 와서 저리 몸 담그고 있는지", 그 뜻은 무엇인지 생각해 보면 다른 의미 풍경이 된다.

바위도 들어와 있고, 나무도 들어와 움트고 있고, 개구리와 그 소리도 낮과 밤 모두가 함께하여, 농부와 더불어 모내기 하는 것이다. 정말 그렇기라도 한 듯 "산 그림자 속으로 걸어 들어가네/ 뒷걸음치며 산에 모를 심네/ 바위 위에도 모를 꽂아 놓았네"이다. 농부만 모를 내는 것이 아니다. 모두가 모두를 도와 이루는 모내기이다.

그것을 아는 농부는 흙을 향해 허리를 굽히는 것으로 첫 일을 시작한다. 그 자체로 아름다운 관계의 사상이 구현되는 현장이다. 그 절정이 "산 그림자 속에서 백로 한 마리 날아 나와/ 편 목 다시 구부리며/ 젖지 않은 발 적시며/ 산 그림자 위로 내려앉네"라는 표현이다. 그렇게 인간을 포함한 생물과 비생물까지 상호의존하는 관계를 이룬다. 그것을 아시는 농부님이시니 어찌 허리 굽히는 것으로 일을 시작하지 않을 수 있겠는가.

과학자 벨은 "우주는 부분으로 분리될 수 없는 전체로서 존재하는 것이며, 여기서 일어나는 우리의 사건은 멀리 떨어져 있는 곳에서 일어나는 다른 사건들의 즉각적 영향을 받는다" 말한다. 지구의 어느 한구석에서 사과 하나가 떨어져도 우주 전체가 알게 된다는 말은 과장이 아니다.

이렇게 세계가 긴밀하게 상호의존적 관계로 짜여 있고 그것을 느끼고 있으니, 세상은 얼마나 풍요로운 곳인가?

나에게 온 놀라운 선물

　　　　모든 것이 우주적 인연으로 연결된 하나라면
우리 존재는 우주적 인연을 담고 있는 존재이다. 그렇기에
나 하나를 위해 온 세상이 필요하다는 말은 틀린 말이 아니
다. '모든 존재는 우주적 연기의 선물로 주어졌다'고 생각하
면 이곳은 얼마나 살기 좋은 곳인가?

　이진경 님은 다음처럼 말한다.
　"나의 존재 자체가 누군가에게 선물이 될 수 있는 만큼,
반대로 나의 존재 자체가 누군가로부터 선물로 받은 게 될
수 있다. 존재하고 살아있다는 것 자체가 내게 주어진 선물
일 수 있다는 것이다.
　사실 우리가 받은 선물 가운데 '선물'로 받은 것은, 극히
일부분에 지나지 않는다. 대부분은 선물인 줄 모르고 받은

선물이다. 내가 오늘 아침에 밥을 먹은 것은 농사를 지어 쌀을 생산해 준 이름도 모를 농부가 있었기 때문이다. 그 벼를 품고 키워준 대지와 태양 그리고 논 옆에 흐르는 물도 있었다. 흙 속에 사는 수많은 미생물과 흙에 스며든 영양소들이 상호작용했다. 또한 그걸 쌀로 도정해 준 사람, 그걸 내가 사는 곳으로 운반해 준 사람, 그걸 내가 살 수 있도록 해준 사람, 그리고 그들이 먹었을 어제저녁의 식사, 그 식사를 가능하게 해준 또 다른 농민과 대지 등이 없다면 불가능했을 것이다.

그런 점에서 내가 밥을 먹는 것, 내가 공부하고 앉아서 글을 쓰는 것, 서서 강의하는 것 등 순간순간의 존재 그 자체가 우주적인 스케일로 이어진 저 수많은 사람이 준다는 생각도 없이 주는 선물이다." (이진경 『불교를 철학하다』, 휴, 2016)

이렇게 우리 삶은 우주가 준 선물이다. 그 사실을 알든 모르든 우주와 '한 몸 한 생명'으로 살아가고 있는 것이다.

권경업 시인의 시 「별들이 쪽잠을 자고 간」 (『별들이 쪽잠을 자고 간』, 전망, 2004)을 읽으면 마음이 맑아져 깨끗한 이슬이 된 듯하다. 어느덧 나는 은은한 향기가 느껴지는 이기령 풀숲이 된다.

"이기령 풀숲에는/별들이 쪽잠을 자고 간 방이 있습니다" "이슬방이라고 불렀습니다" "이슬방울이 아니면 자고 갈 수 없는", 그곳은 '별-쪽잠-방-산천어-미리내-여러 이파리-개미-한 분'이 이슬로 모이고, 이슬이 그것들에게로 흩어져 간다. 존재자가 존재자로 고립되어 있지 않다. 모두에게 손을 내밀고 그 안으로 들어가고 흘러나온다. 보살피고 베푸는 기쁨으로 그러하다.

그래서 시인도 "이슬방울은 4월 풀숲의 정성"이라고 말한다. 그러니 "곰취, 쇠뜨기, 억새잎에 일찍 산책 나온/ 맨발의 개미는 발이 젖어도 즐겁습니다". 정성이란 말은 인간적인 표현이다. 하지만 아무런 대가를 바라지 않는다고 하여 정성이 없는 것은 아니다. 오히려 대가를 바라지 않기 위해서라도 지극한 정성이다.

그 관계는 서로를 아끼고 나누는, 생명이 흐르는 그물이다. 그를 타고 움직이니 가장 안전하고 가장 유쾌하고 가장 건강하다. 그렇게 각각 존재자들이 자기를 넘어서는 관계의 그물이라는 선물을 받고 살아가는 것이다. 심지어 오래전에 돌아가신 그분도 별이 되어 이슬 속에서 쪽잠을 자고 가신다. 모든 인연이 들어와 있는 것이다.

존재자들이 그것을 따른다. 그것을 느끼기에 성스러워진다. 내가 성스러운 것은 내가 잘나서가 아니다. 내 안에 들어와 있는 관계 전체를 느낄 줄 알기 때문이다. 정성으로 받들 줄 알기 때문에 성스러워지는 것이다. 내가 우주적 인연에 의한 선물임을 알면 누구도 함부로 할 수 없고, 모두를 함부로 대할 수 없다.

그래서 생명적 관계 자체인 이기령 숲은 우리 문화가 다시 태어날 곳이다. 우리도 "이슬방울은 4월 풀숲의 정성입니다"라고 외우며 생명적 풍요를 이룬 그 숲의 한 식구로 날 수 있기를 바란다.

아궁이에 던져져 하룻밤 불쏘시개가 되더라도

내 안에는 세상이 흐르고 있다.
먼지 한 톨에도 세상이 흐르고 있다. 사람들이 어떻게 생각
하더라도 삼라만상은 세상 모두와 인연의 끈으로 이어진 하
나이다. 모두는 세상을 담고 있는 존엄한 과정적 존재이다.
어디에 위치해서도 세상의 필요를 순환시키는 일을 하는 귀
한 존재이다

조향미 시인은 시「꺾인 나뭇가지」(『신현림이 엮은―아가야, 엄마는 너
를 기다리며 시를 읽는다』, 걷는나무, 2013)에서 "나는 한때 내 생이 꺾인 나
뭇가지라고 생각한 적이 있었다"고 말한다. 그럴 때의 심정
은 우울하고 위축될 것이다. 심하면 '이런 생 살아서 무엇하
나' 하는 생각도 들었을 것이다.

그래서 시인은 숲을 점검한다. "그 풍우 속에서도 의연히 버틴 나무들"도 많기 때문이다. 숲에 있는 나무들 모두 수없이 많은 조건이 모이고 흩어져 지금에 이르렀을 것이다. 현재도 수많은 조건이 바쳐주지 않는다면 저렇게 서 있을 수 없다. 그들 중 어느 작은 부분도 스스로부터 생겨난 것은 없다. 물, 햇빛, 땅속의 여러 원소, 바람을 타고 묻어온 이런저런 것들의 인연화합에 의한 것이다. 의연하게 서 있는 나무나, 부러진 나무나, 뿌리째 뽑힌 나무 모두 인연 조건으로 그러할 뿐이다. 그것에 우열은 없다. 꺾인 나뭇가지라고 한탄할 까닭이 없는 것이다.

그래서 시인은 말한다. "우주가 있으므로 풍우가 있고 나무가 있으므로 꺾이는 가지도 있는 것을 저 나무는 튼실한데 왜 나만 꺾였냐고 오래 슬퍼할 일은 아니다". 돌아볼수록 더 그렇다. 모두 조건에 의존하여 있고 조건의 변화에 따라 변해가는 것이다. 그에 대해 '좋다/나쁘다', '행/불행' 같은 생각들은 내 마음에만 있는 것이지 존재하는 것이 아니다.

폭풍우에 '꺾인 나뭇가지'를 생각해 본다. 꺾인 나뭇가지는 새로운 인연 조건에서의 삶을 산다. 꺾이기 전과는 많이 달라졌지만 '지금–여기'의 삶이 있다. 그것은 다른 규정성을 갖는 다른 삶이다. "신나게 휘두르는 나무칼이 될 수도" 있고 "그 어머니 맵차게 후려치는 회초리"가 되기도 하고 "한 아이의 삶을 받드는 지렛대"가 될 수도 있다. 꺾인 나뭇가지는 상황에 맞는 전체 속에서 자기 삶을 산다.

어떤 상황에서도 자기 속에 들어와 있는 전체를 살면 된다. "설사 아궁이에 던져져 하룻밤 불쏘시개가 되어도 그 더운 연기는 넓디넓은 우주 속에 스며들 것이다. 그리고 다시 우주는 한 그루 어린나무를 키우리라."이다.

우리는 전체의 흐름에 필요한 존재로 지금 여기를 살고 있다.
세계를 순환시키는 존엄한 존재이다. 그것을 잊지 말자.

2장.

내 안에 들어온 관계의 그물을
느끼는 풍요로움

1. 부분이었고 또 전부였던 그대는 – 최영남 「엄마와 아이」

2. 그대가 그러함으로 나도 그러한 – 송호찬 「빗살무늬 토기」

3. 밤하늘, 별자리를 통째로 – 이정록 「흰 별」

4. 잘 드러나지도 않는 거기에서 –강수니 「새끼발가락이 준 생각」

5. 누가 가르친 것도 아닌데 우리는 – 안오일 「한 마리 물고기가 되다」

6. 그대와의 인연이 꽃 피고 지는 동안 – 김경윤 「달빛 정사」

부분이었고 또한 전부였던
그대는

세계는 서로 연결되어 있다.

아주 작은 영역에서부터 광활한 우주까지 사방팔방으로 연결된 하나의 그물이다. 아울러 나의 작은 행동 하나에도 우주가 들어와 있다. 나의 삶도 관계 속에 생성, 소멸하는 과정일 뿐이다. 그러니 하나의 물(物)을 구성하는 기본 구성체[실체, substance]로 고정하면 안 된다. 모두가 끊임없이 변해 가는 비유비무(非有非無)한 관계적 과정의 존재이다. 이것과 저것을 규정할 수 없는 관계 속에 놓여 있는 존재이다. '그것'을 '그것'이게 하는 것은 '관계'이다. 이렇게 삼라만상은 하나로 연결되어 생성과 소멸 연기라고 하는 관계의 우주 수(繡)에 놓여 있는 것이다.

최영남 시인의 시 「엄마와 아이」는 엄마의 등에 업힌 아이가 엄마와 장단을 맞추며 놀이하는 모습을 그렸다. 이것을 우주의 등에 업힌 우리로 상상해 보자. 우주의 등에 업혀 엄마, 엄마 소리를 치며 생성의 세계를 살아가는 존재. "엄마 어깨 두드려가며/ 고개 까닥거리며/ 목마라도 탄 듯이 장단"을 맞춘다. 엄마의 장단이 있어서 아이가 따라 한다. 엄마 역시 아이와 장단을 맞추는 것이 질리지 않는다. 아이는 아무것도 모르지만, 엄마의 등에서 떨어질 정도의 행동을 하지 않는다. 그것을 아이도 느끼고 엄마도 느낀다. 그 느낌이 피드백되어 그들만의 리듬을 만드는 것이다. 서로를 살리는 리듬이다. 그래서 오래갈 수 있는 것이다.

만약 아이가 멋대로 하겠다고 나대면 놀이는 중단될 수밖에 없다. 그러나 "끝없이 부르는 소리는/ 엄마 걸음이 된다/ 엄마가 허리춤을 올리면/ 한 박자 건너뛰면서/ 어-엄-마 엄마 엄마 엄마 엄마……"의 절묘한 관계이기에 중단되지 않는다. 주고받으면서 리듬과 변주를 만들고 그 끝없는 리듬으로 둘이 존재하는지도 모른다.

엄마와 아이가 이렇게 가는 모습을 어떤 목적이라고 생각할 분은 없을 것이다. '스스로 그러하게' 할 뿐이다. 그래서 "놀이"이다. "그 사이는/ 아무도 끼어들 수" 없는, 전체와 부분이 함께 호흡하는 하나의 생명체 같은 관계이다.

생명의 그물과 우리의 관계도 이와 다르지 않다. 이런 비유의 의미는 다음과 같다.

첫째, 엄마 등에서 아이의 놀이는 여러 방식으로 끊임없이 생성되고 사라지고 또 생성될 것이다. 가벼운 흔들리는 편안한 등에서 아이는 아이로서 삶을 살고, 그로 하여 엄마와 하나이다. 그래서 엄마의 등에 업혀 아이는 즐겁다. 거기에는 어떤 목적이 없다. 35억 년의 세월이 만든 스스로 그러한 생명의 이치가 있을 뿐이다. 인간은 그 안에서 모든 관계를 충족하여 태어났고 삶을 살아간다. 재미있고 안전하게.

둘째, 아이는 제멋대로 재미를 쫓지 않는다. 뭐가 뭔지 모르는 아이이지만 자신이 엄마의 몸에서 나왔다는 것을 안다. 그곳이 어머니 등이라는 사실도 몸으로 알고 있다. 아이의 재미는 엄마와 통전하는 가운데서 생겨난 재미이다. 아이는 엄마의 피로도와 맞게 "끝없이 부르는 소리는/ 엄마 걸음이 된다"가 되게 한다. 엄마와 깊게 연결되어 느끼는 놀이이기에 아이에게 그 관계는 부분이면서 전체이고, 전체로 부분이다.

셋째, 업힌 아이의 변화는 항상 어머니와 연결된다. 연결되어서 아이 몸짓을 몸짓이게 한다. 과부하가 걸리면 어머니도 다치고 아이는 더 크게 다친다. 그 관계가 너무 긴밀하여 "놀이로 변한 그 사이는/ 아무도 끼어들 수 없다"의 관계이다. 가이아의 작은 꿈틀거림이 거기에 뿌리를 내리고 있는 인간에게 어마어마한 재앙이듯이 아이도 본능적으로 느끼는 것이다.

"사람이 자기의 신체를 존중히 대하듯이 지구도 마찬가지다. 너무 많은 사람이 지구에 상처를 가한다. 그것은 곧 자기 자신에게 상처를 가하는 일이다. 자기 자신에게 상처를 가하는 것 또한 지구에 상처를 가하는 일이라는 것을 깨닫지 못하고 있다"는 롤링 썬더의 말에 귀를 기울여야 하는 이유이다.

이 세상 모든 것들은 의타기성한다. 의타기성인 채로 '엄마와 아이'이다. 존재만 놓고 보면 참으로 미미하고 힘없는 인간이다. 하여 사방으로 이어지고 이어진 관계를 호흡하며 '스스로 그러한'(自然한) '자기 조화'(self-consistency)의 관계에 놓이도록 해야 한다.

이처럼 생명의 그물과 우리의 관계는 '부분이면서 전체이고 전체이면서 부분'을 느끼고 살아가는 것이다. 관계 전체를 담고 느끼고 살아가는 부분이다. 그러니 전체를 보는 큰 눈을 가지고 사는 시인의 눈은 참으로 귀한 눈이다.

그대가 그러함으로 나도 그러한

생명의 그물과 우리 사이의 관계를
다르게 표현한 것이 송호찬 시인의 시 「빗살무늬 토기」이다.

우리는 '빗살무늬 식구'이다. 그렇게 말한 이유는, 생물은
'태양-지구계-생명'이라는 열린계(系) 속에서 숨 쉬며 살아가
는 존재이기 때문이다. 지구의 생명체가 유지되기 위해서 태
양에너지가 계속 유입되어야 한다. 태양 에너지 없이는 살
수 없다. 그래서 태양에너지를 받아 사는 모든 것은 하나의
식구이다. 사람뿐만 아니라 동식물과 광물에 이르기까지 모
두 다 마찬가지다.

이런 생명 현상이 발생하기 위한 조건을 장회익 선생은
다음처럼 정리한다.

"생명은 열역학 제 2법칙에 따른 질서 파괴의 경향을 극복해 가며 새로운 질서를 형성해 나가는 존재이다. 이를 위해서는 지속적인 자유에너지의 공급이 필수적으로 요청된다. 우주 내에는 이러한 지속적 자유에너지 공급 체계가 다수 존재할 것으로 추정되지만 그 분명한 사례가 바로 태양–지구계와 같은 항성–행성계이다. 여기서는 뜨거운 온도를 지닌 항성과 상대적으로 낮은 온도를 지닌 행성 사이의 온도 차이에 따른 에너지의 흐름이 지속적으로 유지되며, 이러한 에너지의 이동에 따른 자유에너지의 추출이 가능해지는 것이다.

사실상 우리 지구상의 생명은 태양과 지구 사이의 온도 차이에 따른 자유에너지의 흐름을 교묘하게 활용함으로써 열역학 제 2법칙이 말해주는 질서 파괴의 경향을 극복해 나가면서 이렇게 얻어진 자유에너지를 활용하여 새 질서를 형성해 나가는 존재라 할 수 있다."(장희익 『삶과 온생명』, 현암사, 2014)

여기서 '교묘하게 활용한다'는 의미는 태양으로부터 에너지, 빛, 물질, 화학 퍼텐셜을 받아서 쓰고 버리는 것이 아니다. 그 결과로 생긴 생산물 일부를 자기에게 다시 사용하는, 자기조직계를 만드는 것이다. 스스로 조절(자동조절)할 수 있는 순환 시스템, 신체에 비유하면 신진대사에 해당하는 시스템을 만드는 것이다. 그 시스템은 가이아 이론에서 밝혀진 것처럼 생물 부분(식물, 미생물 그리고 동물)과 무생물 부분(암석, 해양 그리고 대기)이 하나의 피드백루프이다. 그래서 지구상에 존재하는 모든 존재에게는 태양의 빛이 새겨져 있다고 말할 수 있다.

태양에너지가 쏟아져 들어온다. 시인은 "한낮의 달아오른 태양이/ 거죽을 팽팽히 당겨/ 쏟아내는 무량의 빛살/ 그 먼 길을 날아 오고도/ 한 치 흐트러짐 없이 쏟아지는 빛살들/ 온 대지에" 꽂힌다고 한다. 지구 생명계가 유지되기 위해서는 이처럼 외부로부터 끊임없이 태양에너지가 들어와야 한다. 태양이 자기 기분대로 혹은 뭔가를 바라는 집착에 따라 움직인다면 지구는 살아남지 못한다.

태양은 항상적(恒常的)으로 베푸는 일을 어머니처럼 행한다. 스스로 팽팽히 당겨 쏟아내지 않으면 안 된다. 그 양이 무량 (無量)하지 않으면 안 되고, 딴생각하느라 다른 곳으로 가서도 안 된다. "한 치 흐트러짐"이 있다면 결코 이 땅까지 와서 그 일을 해낼 수 없다. 그로 인하여 지구 생명의 역사가 유지된다.

그 빛살 무량하게 쏟아져 지구의 초록 공장이 돌아간다. 나무들이, 지구 문명의 위대한 습지이기도 한 논의 벼들이 "장정"처럼 이 지구를 위해 열심히 산소와 메탄 같은 기체를 만들어 낸다. 단 한마디 불평도 없다. 그 관계를 삶으로 받아들여 '태양—지구—생명'의 피드백루프를 완성한다. 그래서 "가을날 잘 여문 이삭을 벗겨보면/ 빗살무늬 잔주름이 무수하다" 그런 빛살의 도(道)를 얻어 그 길에 따라 충분히 살아야 건강한 삶이다.

그런 마음을 시인은 "어김없이 빛살이 꽂혀"라고 표현한다. 빛살의 뜻을 제 몸에 새긴 것이고, 제 유전정보에 새긴 것이고, 그렇게 자기복제 하는 시스템을 만든 것이다. 그러니 이런 자연함(스스로 그러함)의 길은 곧바로 당연함이 되어 인간의 윤리가 되어야만 한다.

그것을 시인은 "이 땅 위에 사는 모든 것들은/ 쏟아지는 빛살 속에 살아가는데,/ 한평생 논둑길을 걸어온 늙은 농부/ 빛살을 흠뻑 맞은 그 얼굴처럼/ 잘 구워진 빗살무늬 토기가 되기도 한다"고 말한다. 그렇게 됨으로써 '하늘—자연(nature)—

인간'(혹은 天-地-人)의 빗살 고리가 완성되는 것이다. 빗살 고리의 완성으로 하여 지구는 생명이 흐르는 빗살무늬 식구가 된다.

　이런 관계로 생명의 그물과 우리가 있다. 그래서 우리가 스스로 빗살무늬 토기라고 말하는 것은 매우 중요한 의미이다. 여기에는 '태양–지구–생명'을 잇는 피드백루프를 생각하며 살아야 한다는 고백이 들어있기 때문이다. 인간은 그 관계의 한 고리이고, 그것도 다른 많은 것들에 빚지고 있는 고리이다.

밤하늘, 별자리를 통째로 품는

우주가 관계의 그물로 연결되어 있다면
그 안의 존재자들은 비유컨대 '엄마와 아이'의 관계이고 그
들 모두가 빗살무늬 가족이다. 그렇기에 하나의 존재자는 우
주가 들어와 있는 하나이다.

그래서 연기적 세계관을 말하는 불가에서는 다음처럼 말
한다.

일미진중함시방 (一微塵中含十方 한 점 티끌 속에 온 우주가 담겨있고)

일체진중역여시 (一切塵中亦如是 낱낱 모든 티끌에도 역시 이와 마찬가
지네.) - 의상 스님 〈법성계〉에서

하나의 티끌 속에 온 세계가 들어있다. 우리는 생명의 그
물에서 아주 미진한 부분이면서도 전체를 담아 숨 쉬는 커
다란 존재라는 말이다.

이정록 시인은 시「흰 별」(『제비꽃 여인숙』, 민음사, 2001)에서 "볍씨 한 톨 매만지다가/ 앞니 내밀어 껍질을 벗긴다"볍씨 한 톨 혀끝으로 느껴보면, 쌀 한 톨에 새겨진 그 미세한 마루와 골을 느껴진다고 말한다. 그것은 눈으로 보았을 때나, 손으로 만졌을 때의 느낌과는 전혀 다른 것이다. 시인은 쌀 한 톨에는 "오돌토돌/ 솟구쳐 오른 산줄기가 있고/ 까끄라기 쪽으로 흘러간 강물이" 있다고 말한다. 완성된 쌀 한 톨에 산줄기와 물줄기가 있는 것이다. 그것은 지구라는 행성의 가장 단순한 형상을 지님으로써 "쌀이라는 흰 별"이 된다.

물론 쌀알도 지구처럼 생명이 살 수 있는 물줄기를 가진 하나의 별이 되기 전이 있었을 것이다. 마치 천지창조와 같은 어떤 시간일 것이다. 그 처음은 시인의 말 그대로 "뜨물, 그 혼돈의 나날"이다. 어린 벼는 태양과 물과 온도 등 밖으로부터 주어지는 온갖 정보를 받고 자기의 내부 지식과 원칙으로 편집하고 디자인해서 자기 자신을 만들어 간다. 놀라운 것은 그 어린 벼 속에 이런 논리가 능동적으로 작동했다는 것이다. 그래서 '혼돈'이라고만 할 수 없다. 그 혼돈 속에서 자신을 창조해 가는 것이다. 혼돈이기에 정신 바짝 차린다.

어린 벼는 자신에게 '개구리가 우는 때는 무조건 물을 먹어야 돼, 지금은 온몸이 타들어 갈 정도의 뜨거운 햇볕을 받아 돼, 지금은 잠시 쉬면서 온 하늘의 은하수를 몸에 담아야돼, 그리고 빼놓지 말고 "이삭별자리"를 몸에 새겨야 돼, 그이삭 별자리와 내 몸에 들어 있는 정보와 내용과 모양이 맞도록 해야 해.' 이렇게 말하면서 쌀 한 톨이 되었을 것이다.

거기에는 한 치의 오차가 있어서도 안 된다. 그 모든 것을 "출렁인다"의 파동(波動)으로 변환시켜 쌀알을 이룬 것이다. 그래서 이 장면을 읽으면, 마치 쌀알에 파동 무늬의 정보 (information)가 들어있어, 시인이 그것을 현상해 내는 홀로그래피(holography) 기술을 보고 있는 듯한 느낌이다. 그처럼 하나의 쌀알에 온 세상이 들어온 것이다. 지구의 조건 모두를 담아서 하나의 "쌀이라는 흰 별"이 된 것이다. 시인은 말한다 "알 톡 찬 볍씨 하나가/ 밥이 되어 숟가락에 담길 때/ 별을 삼키는 것이다// 밤하늘 별자리를/ 통째로 품는 것이다"라고

이렇게 쌀 한 톨에 우주가 들어와 있어서 필연을 다하여 생명의 길을 간다. 그것을 우리가 느낀다면 이 세상에 귀하

지 않은 존재자가 어디에 있겠는가? 생명의 그물, 그 전체를 보기 시작하면 그 가족 중 미미한 존재란 없다. 한 존재자 안에 수없이 많은 인연의 끈이 들어와 있기 때문이다. 그것이 또 다른 존재자를 향하여 흘러 나가니 그 끈을 잇고 있는 것만으로도 우리는 가득 찬 소중한 존재이다.

잘 드러나지도 않는 거기에서

모든 것이 서로에게 연결되어 있다면
각각은 전체를 구성하는 요소이기에 따로 존재할 수 없으며
결국 하나이다. 이렇게 말하면 그동안 우리가 알고 있던 상
식과 조금 다를 수 있다.

김상일 님은 퍼지이론가의 생각을 예로 들어 다음처럼 설
명한다.

"전체집합 X(온), 부분집합 A(多)라고 가정하자. 여기서 우
리가 가지고 있던 편견은 부분집합 A는 전체집합 X 속에 있
는 작은 부분에 불과하다. 그래서 X는 A를 포함할 수 있지
만 그 반대로 A는 X를 포함할 수 없다. (유클리드Euclid 기하학 이
래 근대 과학에 이르기까지 모든 과학적 공리는 '전체는 부분과 같을 수 없다'는
믿음에서 출발하고 있습니다).

그래서 우리는 어떻게 부분이 전체를 포함할 수 있을지를 생각한다.

내가 전체에 포함되어 있다는 것은 다른 말로 내 안에 부분이 전체를 어느 정도까지는 포함한다는 것이다. 그러니 부분집합 A가 커질수록 점차로 X를 '점점 더 포함해 나간다'는 말이 성립된다. 부분은 항상 그 크기나 질량 또는 전체와 겹치는 부분에 직접적인 비율로 전체를 포함한다."

그래서 내가 어떤 집합(전체)의 부분일 때 내가 '내 몸에 전체가 들어와 있구나' 생각하지 못할 이유가 없다. 실제로 앞서 본 시들에서처럼 나는 어머니 등의 부분이면서 전체를 포함한 부분이다. 빗살무늬 가족들의 한 부분이면서 빗살무늬를 포함한 부분이다. 더 노골적으로는 흰 쌀 한 톨에도 우주가 들어와 있다면, '부분이 전체를, 전체가 부분을 포함한다.'는 분명한 사실이다.

강수니 시인은 시 「새끼발가락이 준 생각」에서 "도무지 발톱 같지도 않은 것", "아무 역할도 없이 그냥 붙어있는 것 같은". 것이 아파 보니까 "그냥 있는 것"이 아니었다고 말한다. "서고 걷기도 아프고 힘들다/ 잘 때도 욱신욱신 온몸을"

돌아다닌다.

새끼발가락 하나 아픈데 왜 온몸이 아플까? "반대 발에 힘을 실으니 척추가 비틀어져/ 허리부터 온몸 전체가 아프다"는 그나마 짚어지는 인과성이다. 조금 있으면 이유도 추측되지 않게 온몸이 아프다. 그래서 시인은 "모든 행동이 새끼발톱의 명령에 따라/ 순응한다, 순응시키는 저 힘!"이라 말한다. 정말 사소하다는 생각조차 하지 않았던 것이 온몸을 지배한다. "시선만 닿아도 아픈 것 같아/ 이고 다니고 싶은 심정이" 된다.

그렇다면 새끼발가락 발톱에 전체가 들어와 있는 것일까? 아닐까?

온몸이 불편하고 아프니 새끼발톱에 전체가 들어와 있다고 말할 수밖에 없다. 새끼발톱은 신체 구성에서 정말 하잘것없는 부분이지만, 부분이 점점 커져 전체가 되지 않아도, 부분 속에 전체가 들어와 있다. 몸의 연결망을 타고 전체를 지배해 버린다. 그래서 부분이 전체를 포함하고 있음은 분명하다.

그렇다면 생명의 그물 내에서 사소한 것이라 말할 수 있는 것이, 존재하기는 할까?

　그래서 프리초프 카프라가 "칸트의 견해에 의하면 기계의 경우 그 부분은 서로를 '위해서', 즉 기능적인 전체 속에서 서로를 떠받치고 있다는 의미에서 존재할 뿐이다. 그에 비해 생물체의 경우, 부분은 서로를 만들어 간다는 의미에서 서로에 '의하여' 존재한다. 우리는 각 부분을 다른 부분을 생산하는(그래서 각 부분이 서로를 만드는) 기관으로 생각해야 한다. … 그 때문에, (그 기관은) 조직화된 무엇이면서 아울러 자기 조직하는 self-organizing 무엇이다"고 했던 말이 정말 값진 통찰임이 분명하다.

　왜냐하면 각 부분은 '의하여' 부분을 만들어 갔기에 부분은 항상 전체를 담는 부분일 수밖에 없다. 그래서 시인의 말처럼 "잘 드러나지도 않는 거기에" 전체의 무사함이 함께 있는 것이다.

누가 가르친 것도 아닌데
우리는

존재자 각각이 생명의 그물 속에 있다면, 그것을 느끼는 삶을 생각해 보는 것이 필요하다. 각 존재자의 가치뿐만 아니라 지혜조차 바로 그 관계에서 주어지는 것이기 때문이다. 선불교에서는 '一卽多(일즉다), 多卽一(다즉일)'이라 말한다. '하나가 곧 모든 것이고, 모든 것이 곧 하나다'라는 뜻이다. 생명의 그물과 우리가 이런 관계라면 존재자 각각은 전체와 함께 공명하며 자기의 삶을 영위해야 한다. 생명의 그물을 느끼며 협동하고 공진하는 쪽으로 가는 것이다.

안오일 시인의 시「한 마리 물고기가 되다」(『화려한 반란』, 삶창, 2010)에서는 한 마리 한 마리로 치면 바다에서는 거의 미미한 존재인 멸치들이 하나의 집합을 이루어 마치 거대한 한 마리의 물고기처럼 움직이는 것을 표현했다. 그림으로 상상해 보면 낱낱의 멸치들이 '거대한 한 마리 멸치'를 이루어 그 부분에 소속되는 형국이다. 낱낱으로의 멸치가 전체의 아주 작은 부분으로 살면서도 전체를 사는 것이다.

하나의 유기체가 수없이 많은 세포로 구성되고 세포 하나하나가 자기의 삶을 살지만 동시에 하나의 유기체인 것과 비슷하다. 한 마리의 멸치가 꼬리지느러미에 가서 붙으면 지느러미가 되고 머리 부분으로 가면 머리의 역할을 한다. 고정된 역할을 가지고 있는 것이 아니다. 자율적으로 위치를 바꾸며 전체를 부분으로 살아가는 것이다. 그래서 "수천수만 마리의 멸치 떼가/ 한 동작을 이루며" 거대한 한 마리의 멸치가 되는 것이다.

전체로서의 거대한 한 마리와 낱개로서의 한 마리가 공명(resonance)하는 것이다. 외적인 어떤 상황으로부터 자신들을 보호하기 위해 함께 반응하는 동조현상이다. 비유컨대 거대한 집회에 참여한 개인의 관계와 같다. 어떤 이유로 군중들이 모이면 하나의 마당[場]이 생긴다. 그 마당이 너무 넓어

앞에서 하는 마이크 소리가 거의 들리지 않는데도 신기할 정도로 하나로 움직인다.

　이런 현상을 김상일 선생은 레이저의 원리와 군중심리로 비유해 다음처럼 설명한다.

　"인간 개인이라는 낱이 군중 속에 들어가면 군중심리가 생긴다. 이러한 집단을 '온'이라고 하면, 이러한 집단 현상은 하나의 '場[마당]'을 만든다. 이 마당 안에는 하나의 정보가 서로 교환되고 있다. 이런 정보가 군중심리 같은 것이다. 군중심리는 장 안에서 낱의 심리상태에 피드백되고 낱의 심리상태는 그것에 의하여 다시 흥분된다. 그러면 집단 심리와 개인 심리 사이에는 어느 것이 먼저고 어느 것이 나중인지를 구별할 수 없게 된다. '낱'이 '온'이 되고 '온'이 '낱'이 된다. 이러한 순환과정을 ……공시적 현상(synchronocity), 끌어들임(entrainment)이라고 한다. 마당 정보가 낱낱에게 피드백되고, 거듭 그 피드백의 영향을 받은 낱낱이 바뀌고, 그것이 또 마당에 영향을 준다. 이러한 정보 순환을 시미즈 히로시는 홀로닉 루프(holonic loop)라고 한다. 전체가 부분이 되고 다시 부분이 전체가 되는 고리 운동이다."

이렇게 낱개의 멸치들이 큰 전체를 이룬다.

이때 전체는 있었던 것이 아니다. 낱낱들이 모여서 정보를 나누고 구속하며 커다란 자기를 만들어 간 것이다. 그래서 그 모습은 일사불란(一絲不亂)이라는 말로는 표현의 한계를 느낀다. 다사불란(多絲不亂)에 더 가깝다. 또 다사불란이면서도 한 마리처럼 움직인다. 그러니 그 움직임을 보고 '一中多 多中一'(하나 가운데 여럿이 있고 여럿 가운데 하나가 있다)을 생각한다. 전체가 부분이 되고 부분이 전체가 되는 생각이다.

그래서 시인도 "머리부터 꼬리까지 온통 눈을 가진/ 거대한 물고기 한 마리"를 생각하는 것이다. 하지만 이것을 하나의 지휘체계나 기술로 생각해서는 안 된다. 이런 질서는 제 몸속에 기록된 운명을 느끼고 공진하고 동조하는 현상이다.

"누가 가르친 것도 아니고/ 누가 먼저랄 것도 없이" "작고, 여리고, 화려한 무늬 없는 것들이/ 험난한 바닷속을 살아내기 위한" 본능이 아니면 안 되는 생리이다. 그리하여 작은 한 마리의 멸치에게 거대한 한 마리의 멸치가 들어와 있고, 거대한 한 마리의 멸치가 작은 한 마리의 멸치 속에 들어있다. 그래서 '통전의 일치'(統全의 一致. total interpenetration)를 이루는 '살림의 이치'를 보는 것이다.

그러니 "한 물결"을 이루는 삶의 방식에 대해 생각하지 않을 수 없다. 어울려 하나인, 뭉침과 흩어짐의 역동적 운동으로의 삶도 희망해 본다.

그대와의 인연이 꽃 피고 지는 동안

우주로 펼쳐진 관계의 세상을 느낀다는 것은 내 몸이 이 세상과 같이함을 느끼는 것이다. 생명의 흐름이 나에게 들어오고 흘러간다. 아무리 작은 존재일지라도 온 세상과 함께하는 것이다. 온 세상의 생명과 삶을 나누는 것이다. 그러니 풍요로울 수밖에 없다.

다음 인디언의 말씀에 귀담아 보자.

"인디언 신앙은 인간과 환경의 조화를 추구했다. 반면에 백인 신앙은 환경의 지배를 추구했다. 인디언 부족은 나누고 모두를 사랑함으로써 자연적으로 자신이 추구하는 것을 얻었다.…… 라코타 부족은 지혜로웠다. 우리는 자연에서 멀어진 인간의 마음은 금방 딱딱해지고 만다는 것을 알고 있었다. 자연에 대한 존경심을 잃으면 자연 속에 살아 있는 것들 역시 인간을 존중하지 않게 된다는 것을 알았다.

그래서 라코타 부족은 아이들을 늘 자연에 가까이 가도록 해서 딱딱하지 않은, 부드러운 심장을 갖도록 했다. 인디언 부족은 동료 피조물들에 대해 적대감을 가질 틈이 없었다.

라코타 부족에게 있어서 산과 호수, 강, 실개천, 계곡, 덤불숲은 모두 그 자체로 완성된 아름다움이었다. 바람, 비, 눈, 햇빛, 낮, 밤, 계절의 변화 등은 끝없는 매혹 그 자체였다. 새, 벌레, 들짐승들은 인간의 지식에 조금도 뒤지지 않는 놀라운 지식과 이해로 자기들의 세계를 채우고 있었다."

(스탠딩 베어/테톤 수우족)

결국 자연과의 조화를 생각하는 마음은 관계 속 모두를 존중하고 사랑하는 마음이다. 자신을 사랑하는 방식으로 모두를 대하고 나누는 것이다. 그러니 풍요로운 인간일 수밖에 없다.

김경윤 시인의 시 「달빛 정사」(『신발의 행자』, 문학들, 2007)는 인연으로 가득한 조화로운 세계를 그렸다. 그래서 시를 읽는 내내 그 감각 방식이 놀랍다 느꼈다.

우선 밤새 달빛이 그리 밝았던 것과 나의 새벽 목마름이 무관하지 않다. 밤새 달빛이 그리 밝았다고 말하는 것으로 보아 싱숭생숭한 마음으로 깊이 잠들지 못해 새벽 목마름에 깼다. 그냥 목마름과 관련되어 있다면 냉장고 열고 차가운 물을 먹으면 될 일이지만 어제의 산란한 마음이 있어 "세심당(洗心堂) 돌샘"을 찾는다. 이름도 '마음을 씻는 돌샘'이다.

  마음이 깨끗하게 씻긴 상태에서 시인이 본 세상은 어떤가?
"어젯밤 달님이 놀다 간 흔적 가뭇없고/ 산 그림자 모로 박힌 샘물에선 단내가 나네요". "밤새 동백나무와 흥건히 젖어 놀던 상현달이/ 새벽녘에 뒷물이라도 하고 간" 샘물은 그냥 물이 아니다. 달님과 산 그림자로 이어진 샘물이다. 잡스러운 생각을 씻어내면 인연으로 이어진 세상이 그대로 드러난다. 사물들 사이가 생명의 힘으로 충만하게 이어진 세상이다. 생명의 흐름이 '나-산 그림자-샘물-동백나무-상현달-새벽 뒷물'이라는 사사(事事) 물물(物物) 사이를 막힘없이 흐른다. 인연이 달빛 정사라는 시간의 꽃을 피운 것이다.(이 시간은 그리니치 천문대에서 흐르는 시간과 다른 달빛 정사로 꽃 피고 지는 사건으로서의 시간이다).
  돌샘에서 단내가 나는 것도, 산 그림자가 샘물에 모로 박힌 것도, 내가 귓불이 붉어지는 것도, 붉어진 동백 꽃송이

툭! 툭! 떨어지는 것도 그런 사건으로서 시간의 증거이다. 한마디로 천지의 인연이 꽃 피고 지는 시간이었다. 그 감동을 온몸으로 느꼈기에 "일순 무슨 우주의 비밀이라도 엿본 양/ 귓속이 먹먹하고 가슴이 다 쿵쿵거려/ 한참을 말없이 동백나무 곁에 서 있다"고 한 것이다.

이처럼 자연에 가득한 인연 관계를 느끼니 풍요로운 시인의 눈이라고 하지 않을 수 없다. 그런 풍요를 축원하듯 "저 건너 법당에선 새벽 염불 소리 들리고/ 그새 문바위에 올라선 말간 해는/ 어두운 산그늘을 지우고" 있다.

세상이 이러니 어디에 '저 혼자만'이라는 것이 있겠는가?
그러나 제 생각만 하고 있으면 혼자이다. 실제로 시인이 어젯밤 생각에 붙들려 세심(洗心)하지 못하고 자기 생각만 잔뜩 마음에 담고 있었다면 어땠을까? "달빛 정사"라는 우주적으로 가득한 생명의 풍요는 사라졌을 것이다. 다른 세상이 펼쳐졌을 것이다. 그래서 '세심당(洗心堂)'이라는 말이 중요하다. 자기를 가득 채운 욕심을 비우면 하나이면서 동시에 전체인 세상이 펼쳐지기 때문이다.

3장.

상호의존하는
삶의 숨결은 아름답다

1. 여기서 당신을 지키고 있을 테니 - 이동순 「별」

2. 당신 온 후로 오랫동안 - 김종삼 「묵화(墨畵)」/오진엽 「순창시장 참기름 집」

3. 네 앞에 무릎을 꿇고 앉아 - 백무산 「사람들끼리만」

4. 그대 아픈 것은 아픈 누군가 있기 때문이다 -이장근 「상처를 기르다」

5. 수없이 많은 그대가 아닌 그대로부터 -이응인 「꼭 고만한 돌멩이들이」

6. 나의 것이라 여겼던 어리석음으로 -권정생 「밭 한 뙈기」

여기서 당신을 지키고 있을 테니

삼라만상이 상호의존하는 관계로 엮여 있는데 무언가를 욕심내면 욕심낸 것만 보인다. 다른 것은 안 보인다는 말이 아니라 관심 밖이기에 안중에 없다. 그래서 욕심내는 삶이 일상화되면 이 세계도 그 욕심이 그려낸 세계만 보인다. 욕심이 그려낸 세계는 인연으로 이어진 '분리할 수 없는 하나(undivided wholeness)'의 세계가 아니라 나와 분리된 독립된 실체들의 세계이다. 이때의 나는 외부의 좋은 것만 소유하기 위해 골몰한다. 그 마음엔 그런 느낌과 생각과 의지와 분별지(分別智)들로 가득 찰 수밖에 없다. 그에 붙들린 것만 보게 된다.

하지만 욕탐을 덜어내면 내 안에 들어와 있는 세계가 보인다. 세계와 하나 된 내가 느껴진다. 내가 이 세계 모두와 인연의 삶을 살고 있음이 보인다. 그래서 생명의 그물을 보며 살아가려면 의식적으로라도 욕탐하는 마음을 줄여가려고 노력해야 한다.

이동순 시인의 시「별」(『봄의 설법』, 창작과비평사, 1995)의 정황들을 따라가면 마음이 깨끗해진다. 그 공간에 들어서는 것만으로도 나의 욕심, 분노, 어리석음이 말끔히 씻긴다. 마치 내가 별이 되는 듯한 기분이다. 새벽잠 깬 별이 빈 개밥그릇까지 챙겨보고 계시기 때문이다.

사소하게 생각할 수도 있지만 시적 정황에서는 너무 또렷하고 명징하게 만물을 잇고 있는 연쇄의 그물이 드러난다. 시인이 새벽 볼일 보러 나가니 "개가 흙바닥에 엎드려 꼬리만 흔든다". 개가 주인을 보고 꼬리를 흔드는 것이 당연한 일이다. 하지만 그렇게 안부를 확인해 주니 '나 여기서 당신을 지키고 있으니 걱정하지 마세요' 하는 것처럼 느껴져 새벽녘의 적적함이 다정함으로 바뀐다.

그때 개밥그릇에 비친 별 하나가 클로즈업된다. 높게 떠 있는 별이 개밥그릇에 들어와 있다는 것이 새삼스럽다. 저

별이 내가 잠들어 있는 동안 개를 굶어 보고 있었던 것 같다는 생각도 든다. 보통 때라면 개밥그릇과 별은 아무런 관계가 없으니 어떤 생각도 일으킬 수 없다. 지금은 다르다. 그래서 이게 뭘까? 하늘을 본다.

하늘을 보며 "나처럼 새벽잠이 깬 별 하나가" 빈 개밥그릇을 지키고 있다는 생각으로 넘어간다. 별이 개밥그릇을 염려한 것이다. 이 정도라면 그 별이 하늘을 올려보는 시인의 눈에도 들어있을 거라는 생각은 자동으로 가능하다. 순간 '별–개밥그릇–개–나'가 하나의 끈으로 묶인다. 자기만 생각하는 시각이라면 쉬이 보이지 않았을 별빛을 본 것이다. 초롱초롱 빛나는 어떤 근원적 소통이 일어난 것이다.

프리쵸프 카프라는 모든 현상이 근본적으로 서로가 서로에게 의존하여 형성되며(근본적인 상호의존성), 개인과 사회로 구성되는 우리 또한 자연의 순환적 과정들 속에 깊숙이 묻혀 있다는 사실을 자각해야 한다며, 그런 학문을 심층 생태학(deep ecology)이라고 불렀다.

그는 그 첫 번째 특징을 다음처럼 말한다 "심층 생태학의 인식은 영적 또는 종교적인 인식이다. 인간 정신이라는 개념이 각 개인이 전체로서의 우주에 속해 있음(연결되어 있음)의 느낌을 가지고 의식의 양식(mode or consciousness)으로 이해될 때, 생태학적 인식이 그 가장 깊은 본질에서 영적이라는 사실이 명료해질 것이다"(프리호프 카트라『생명의 그물』, 범양사, 2022)

당신 온 후로 오랫동안

상호의존적 관계의 세계는
만물이 개별적으로 존재하는 것이 아니라 인연이라는 끈으
로 연결되어 있다. 나와 세계가 따로따로 존재하는 것이 아
니라 이어지고 이어진 한 몸이듯 존재한다는 것이다. 그런
의미에서 삼라만상은 존재론적으로 평등하다. 인연에 따라
상호의존하여 서로가 서로의 존재적 근거인데 무엇이 우월
하고 더 가치 있겠는가?

김형호 님은 『마음 혁명』에서 이렇게 말한다
"자연의 만물은 자기동일성을 지닌 독립적 존재가 아니라,
타자와 관계를 맺어 자기 존재를 발생시키는 의타기적(依他起
的, 다른 것에 의존해서 생기는)인 존재일 뿐이다. 쉽게 말하면 새는
벌레들과의 상관적 차이에서, 벌레는 풀들과의 상관적 차이

에서 존재하는 의타기적 존재일 뿐이다. 타자가 없다면 자기의 존재도 실존하지 못한다. 이런 상관적 차이가 바로 존재론적 평등의 존재 양식이다."(김형효 『마음혁명』, 산림출판사, 2007)

인디언 할아버지도 다음처럼 말한다.

"인디언은 물웅덩이의 수면으로 내리꽂히는 바람의 부드러운 소리를 좋아한다. 한낮에 내린 비에 씻긴 바람 그 자체의 냄새를 좋아한다. 미국산 소나무의 향내도 마찬가지다. 얼굴 붉은 사람들에게 있어서 공기는 더없이 소중한 것! 그것은 동물이든 나무든 사람이든 살아있는 모든 것들이 똑같은 숨결을 나누어 갖기 때문이다.

죽은 지 며칠이 지난 사람처럼 당신의 도시에 사는 사람들은 악취에도 아무런 반응이 없다. 이런 식으로 당신들은 잠자리를 계속 파헤치고 더럽힌다면 어느 날 밤인가 당신들은 스스로의 폐허에서 숨이 막혀 깨어날 것이다……

들짐승이 사라진다면 인간이라는 것도 무슨 의미가 있는가? 들짐승들이 저 어두운 기억의 그늘 속으로 모두 사라지고 나면 인간은 혼의 깊은 고독감 때문에 말라 죽고 말 것이다. 모든 것은 하나로 연결되어 있다. 짐승에게 일어나는 일은 똑같이 인간에게도 일어난다. 당신들이 온 이후로 모든 것이 사라졌다."(레인 인 더 페이스/ 홍크파파족)

김종삼 시인의 시「묵화(墨畵)」(『북 치는 소년』, 시인생각, 2013)는 한 폭의 동양화 같다.

"물 먹는 소 목덜미에/ 할머니 손이 얹혀졌다/ 이 하루도/ 함께 지났다고/ 서로 발잔등이 부었다고,/ 서로 적막하다고,"말한다. 소 목덜미에 할머니가 손을 얹으니, 하루도 함께 지났다고, 서로 발잔등이 부었다고, 서로 적막하다고 하는 그림이 화선지에 묵이 번져가듯 그려진다. 그 따뜻한 시선, 서로 발잔등이 부었다고 할 만큼 고단한 하루를 보내고 서로를 위로하는 따스함이 스며드는 시선이다.

둘은 화선지의 숨구멍을 통해 연결되어 있어 한 몸의 둘이고 둘이면서 한 몸이다. 둘은 다르지만 서로 고마운 존재로 '한 몸'이다. 그래서 "이 하루도/ 함께 지났다"라는 말이 의미 깊다. 사람과 동물로 차이 나면서도 안으로는 겹쳐 있다. 그 둘은 마치 여백이라는 흰 바탕에 잠시 그런 인연으로 머물러 있는 객형(客形)일지 모른다. '만물여아일체(萬物與我一體,

만물은 나와 한 몸)'임을 아는 존재이다.

그래서 "서로 적막하다고"하는 말의 울림이 깊다. 그들은 서로의 삶의 의미를 깊게 이해한다. 그래서 다시 한번 할머니의 '눈-시선'이 소중하다. 그 시선으로 존중하는 마음이 흘러가는 것이다. 인간과 짐승이 아니라 한세상을 나누는 평등한 식구로서 자리이타(自利利他-스스로를 이롭게 하면서 동시에 타인에게도 이로움을 주는 삶의 방식)를 주고받는 이어진 한 몸이 되는 것이다.

오진엽 시인의 시 「순창시장 참기름 집」(『순창시장 참기름 집』, 삶창, 2024)은 고소한 냄새가 넘실대는 순창시장 참기름 집에서의 설법(說法)이다.

모두가 인연으로 이어져 너나없이 함께하는 평등한 존재이니, 차이와 분별은 있지만 차별과 애착은 없어야 한다는 말씀이다. 여러 국적의 사람들과 농산물이 "땅에서 낫쓰면 다 똑가튼 겨"의 사상으로 하나를 이룬 곳이다. 실제로 조그만 아파트에 아래층은 우즈베키스탄과 러시아 노동자들이, 오른쪽 옆집은 연변 쪽 사람들이 숙소로 사용하고 있을 정도로 쉽게 만난다.

"여기도 이제는 말여/ 곡식이나 사람도/ 국싼은 씨가 말랐 당께/ 쭝국산이면 어쩌고/ 거시기면 어쩌간디/ 북한산도 통일되면 국싼잉 겨/ 쩌기 새댁들 보랑께/ 여기 산꼴짝은 사람도 절반은/ 물 건너온 외제랑께"이다.

그들이 삶을 함께하는 것이다. 차이가 있으니, 구별이 가능하고 필요할 때는 구별해야 한다. 하지만 그 구별은 '하나를 위한[원융(圓融)−모든 현상이 속성을 잃지 않으면서 서로 걸림 없이 원만하게 하나로 융합되어 있는 모습]임시적인 구별일 뿐이다. 궁극은 국산이든 북한산이든 중국산이든 원융하여 고소한 삶의 맛을 내는 참기름처럼 되는 것이다.

네 앞에 무릎을 꿇고 앉아

존재론적 평등의 세계를 일그러뜨린 것은 인간의 욕탐이다.

도덕경 18장에 무위(無爲)의 스스로 그러한 큰 도(道)가 버려지니 인의(仁義)가 생겨나고, 그 인의로부터 지혜가 생겨나니 더불어 큰 위선이 있게 된다는 말이 있다. 결국 자기 중심주의적인 마음이 스스로 그러한 생명의 그물을 헝클어 버린다.

대도폐 유인의(大道廢 有仁義 큰 도가 버려지니 인의가 있게 되었다.)

혜지출 유대위(慧智出 有大僞 지혜가 생겨나니 더불어 큰 위선이 있게 되었다.)

백무산 시인의 시 「사람들끼리만」(『거대한 일상』, 창비시선, 2008)에서는 할머니가 가신 뒤 길을 잃은 것 같다고 한다. 바로 '대도폐(大道廢)'의 상태가 된 것이다. 할머니는 스스로 그러한 '생명의 그물' 자체였는데 돌아가시니 그 그물 끊어져 무지 막지한 상황이 벌어진 것이다. 그 상황으로 이끈 것은 바로 '인간의, 인간에 의한, 인간을 위한' 인간들의 지혜였다. 그 "사람들끼리만"의 지혜와 삶이 생명의 그물을 죽인 것이다.

할머니 세상은 서로에게 연결되어 있었다. "그들도 함께 둘러앉을 자리가 있었"다. 할머니의 세상에서는 두꺼비와 까치 같은 짐승들, 산신과 용왕, 나무를 포함한 온갖 미물들까지 서로를 살폈다. "소곤소곤 입조심 하느라"로 서로를 조심했다. 할머니는 생명적 관계를 돌보는 힘 그 자체였다.

하지만 인간은 할머니를 '너무 가난하고 욕망조차도 낡은 인간'이라며 쓸쓸하게 돌아가시게 한다. 그러자 "배곯은" 것들이 인간의 방식 그대로 따라 한다. 인간과 뭇 생명 사이에 전쟁이 일어난 것이다. 한데 그 전장에서 만들어지는 소리는 오직 인간의 말소리뿐이다. 사랑[仁]이니, 정의로움[義]이니, 슬기로움[慧]이니, 앎[智]이니 그럴듯한 말들만 쏟아져 나온다. 정작 '생명의 그물'을 이으려는 구체적인 노력은 없다.

시인의 말처럼 할머니가 돌아가신 뒤로는 "사람끼리만 사람의 말로만 떠들고 있습니다" "나날이 많은 이야기의 길을

내고 있지만/ 말이 모자라고 소통이 모자란다”저들끼리만
그러고 있는 것이다. 그래서 이젠 말조차 사막화되어 가는
중일지 모른다.

  그렇다면 우리가 할 수 가장 구체적인 실천은“빙 둘러앉
았던 자리 여기저기 숭숭 빠져”있는 그 자리, 그 관계를 복
원하는 것이다. 인간의 영성에 대해 아는 바는 없다. 그러나
그것이 인간 이상의 풍요를 느끼게 하는 무엇이라면, 구체적
인 삶을 통해 생명의 그물과 만나야 한다.“빙 둘러앉은 자
리”가 완전한 원이 되게 해야 할 것이다.

  다음 말이 새로운 ‘우리’로 나아가는 걸음이 되었으면 한
다.
“평생 동안 사람은 엄청난 양의 식물과 동물을 먹으며 생
명을 유지해 간다. 그것들이 있어서 사람은 살아갈 수 있다.
따라서 죽은 뒤에는 우리의 몸을 그들에게 주는 것이 당연
한 자연의 도리다. 하지만 그렇게 하자면 먼저 할 일이 있
다. 그것은 나무나 풀보다 인간이 낫다는 생각을 버려야만
한다. 그래야 평등한 관계가 보이지 않겠느냐는 것이다. 돈
후앙은 백인 식물학자에게 식물 앞에서 무릎을 꿇고 앉아

이렇게 말하게 한다. '나는 당신보다 나를 조금도 더 중요하게 생각하지 않는다. 우리는 평등하다.'

식물 앞에 무릎을 꿇고 앉아 자만심이 모두 없어질 때까지 큰소리로 이 말을 반복하라. 속으로 말해서는 안 된다. 큰 소리로 말해야 하고, 또 남들 앞에서도 그렇게 말할 수 있어야 한다. 그래야 식물의 응답을 들을 수 있다는 게 돈후앙의 가르침이다. 자연의 신비에 접촉하기 위해서는 무엇보다 먼저 이 세상에서 가장 잘난 것은 인간이라는 자만심을 버리고, 만물을 존중할 줄 아는 마음을 되찾아야 한다는 것을 돈후앙은 우리에게 일깨워 주고 있다.″(최성현『바보 이반의 산 이야기』. 도솔, 2003.)

이처럼 산다면 무슨 문제가 있겠는가?
만물을 존중할 줄 아는 마음 곧 '생명의 그물'을 생각하며 사는 우리가 되기를 희망해 본다.

그대 아픈 것은
아픈 누군가 있기 때문이다

만물은 상호의존성으로 하여 인연의 끈으로 연결되어 있다.

이중표 님은 『불교란 무엇인가』에서 이렇게 말한다.

"나와 꽃, 나무, 공기, 바람, 햇살 등은 모두가 따로따로 존재하고 있는 것일까요? 나는 맑은 공기를 마시기에 존재한다. 맑은 공기는 나무에서 산소를 내보내기에 존재한다. 나무는 햇빛과 비를 받아서 존재한다. 이렇게 모든 것은 어느 하나 개별적으로 존재하는 것이 없다. 모두가 서로 인연이 되어 존재하고 있다. 모든 것은 인연이라는 하나의 끈으로 연결되어 있다. 이 끈이 끊어지면 어느 것도 존재할 수 없다. 나와 세계는 이렇게 한 몸이다. 이와 같이 연기법은 이 세상은 개별적인 원자나 개체적인 존재가 모여서 이루어진 것이 아니라, 서로서로 인연이 되어 한 몸을 이루고 있다는 진리이다. 이렇게 한 몸인 세계, 이것을 불교에서는 일진법계(一眞法界)라고 한다."(이중표 『불교란 무엇인가』, 불광출판사, 2017)

이렇게 연결된 한 몸이라면 삼라만상은 전 우주적 비중과 가치를 지닌 소중한 것들이다. '신체의 어느 부분이건 중요하지 않은 것이 없다'는 다 아는 상식이다. 하지만 아프기 전까지는 그 존재들을 생각조차 하지 않는다. 밥을 먹으면서도 우리는 입과 혀의 움직임에 대해 생각하지 않는다. 그러나 아프기 시작하면 사정이 달라진다. 아픈 부위를 중심으로 몸이 재편되면서 온몸이 그 부위와 연결되어 있음을 알게 된다.

이장근 시인은 시 「상처를 기르다」에서 치질이 도져서 "걸을 때에도 앉을 때에도/ 치질이 몸과 마음의/ 중심이 된 기분이다"고 한다. 아픈 부위가 나를 경영하고 변하게 할 것이다. 그러니 우리 몸 중에 중요하지 않은 부분이 어디에 있겠는가? 전체가 들어와 있지 않은 부분이 어디에 있을까?

모두 중요하고, 부분은 하나같이 전체를 담고 있는 부분이다. 특히 부분의 아픔은 건강한 전체를 위해 매우 중요한 부분이다. 그 부분을 중심으로 삶이 경영될 수밖에 없기 때문이다.

시인은 말한다. "몸이 상처를 닮아가고 있다/ 상처가 몸을 길들이고 있다". 따라서 상처는 부분이 아니라 전체이다. 전체가 아닌 부분은 없다. 그런 부분으로써의 상처가 전체에 되먹임되기에 "변하고 있는 것들은 모두/ 깊숙한 어딘가에/ 상처를 기르고 있다"는 말이 가능한 것이다. '전체가 들어와 있는 부분'이기에 중요하지 않은 '부분'은 없다. 연결망의 세계에서 중요하지 않고 쓸데없는 것은 없다.

위의 생각을 조금 확대하여 비정규직 문제를 생각해 보자. 지금 그것이 우리 사회의 최대 아픔이라면 우리 사회가 무엇을 중심으로 움직여야 할까? 치질로 아플 때 "걸을 때에도 앉을 때에도/ 온 신경이 항문에 집중"되듯이 아픈 곳을 중심으로 경영되어야 한다.

이라크가, 레바논이 인류의 아픔일 때는 그곳을 중심으로 세계가 작동되어야 한다. 나의 일이 아니라고 피하고, 우리 일이 아니라고 피하는 것은 '부분들의 전체'를 부정하는 것이다. 아픈데도 치질을 방치하면 항문이 아니라 몸을 부정하는 것이다. 그렇기에 상처는 나를 이루어 가는 무엇이다.

그래서 관심과 배려가 관계의 세상을 살아가는 윤리의 기본이 되어야 할 것이다.

수없이 많은 그대가 아닌
그대로 부터

  '전체가 들어와 있는 부분이기에 중요하지 않은 부분은 없다. 삼라만상이 모두 우주적 비중과 가치를 지닌 소중한 것들이다.'

  이것이 관계의 세상 출입문에 적힌 말이다. 이 출입문으로 들어온 모든 존재는 스스로에게나 타자에게나 이에 따른 예의를 지켜야 한다. 너무 쉽게 분별심을 작동하여 애증, 미추, 선악의 대상으로 만들면 안 된다. 하나의 존재는 그냥 생겨나지 않고 관계 속에서 필요 때문에 생겨난 것이다. 그 하나에 전체가 들어와 있고 전체와 같은 값동치(同値)이다.

그래서 먼저 그의 필요가 무엇일까를 생각하는 태도를 가져야 한다. 살펴봤는데도 도무지 모르겠다면 그대로 놔둘 줄도 알아야 한다. 우리의 이해가 못 미치면 괄호 속에 두는 것이 바른 태도이다. 나의 필요를 기준으로 하여 너무 쉽게 '필요 없는 존재'라고 말해서는 안 된다. 그것은 다른 맥락을 갖는 다른 쓰임의 존재일 것이다. 이렇게 마음먹으면 이 세상에 대해 훨씬 긍정적인 생각이 가능하다.

　　이응인 시인은 시「꼭 고만한 돌멩이들이」(『그냥 휘파람새』, 동광 커뮤니케이션즈, 2009)에서 "텃밭에서 돌멩이를 한 트럭은 주워냈" 다. 고 한다. 텃밭을 만들다 보니 거짓말 보태 트럭을 채울 만큼의 돌을 주워낸 것이다.

　　"호박덩이만 한 돌부터 주먹만 한 놈에다 잔돌까지/ 끝없이 주워냈"다. 주운 돌로 돌탑을 쌓을 정도로 주워 버렸다. 그쯤 되면 돌만 봐도 징그럽다.

　　그러나 그 돌들은 우리 눈에 보이지는 않았지만, 거기에서 나름의 역할을 하던 것이다. 돌들이 흙에 박혀 밭의 흙이 무너지지 않았을 것이다. 잡초들의 뿌리는 돌들 틈에서 더 단단히 깊어졌을 것이다.

　　그런데 그 필요를 벗어나니 다른 맥락에서 필요가 생겨났다. 밭을 만들 때, 밭둑을 만들 때, 기둥을 세울 때, 화단을 가꿀 때의 필요가 생긴다. 어떤 곳에서는 필요 없는 것이, 다른 곳에서는 필요한 것이 된다. 밭에서는 필요 없는 돌이 밭둑을 만드는 데는 꼭 필요하다. 꽃밭에는 필요 없는 돌이 그 테두리를 만드는 데 필요하다. 시인도 "그 쌔고 쌨던 돌들이/ 텃밭을 텃밭으로 만들고/ 마당을 널찍이 펼쳐 주고/ 꽃밭을 꽃밭같이 밝혀 주더라고" 말한다. 그러니 한쪽 맥락에서의 필요를 전부처럼 말하지 않아야 한다.

그 돌들이 '돌밭' 한곳에 섞여 있다가 밭으로 질서를 잡아가는 과정에 저마다의 필요가 되기 때문이다.

성질 급한 사람은 그 돌부터 치워 버리려고 한다. 하지만 돌밭이 밭이 되기 위해서는 그만큼의 돌이 필요 없으면서도 밭을 위한 다른 필요가 된다. 그래서 질서를 잡아간다는 것은, 솎아서 버리는 것은 아니다. 큰 돌은 큰 돌대로, 주먹만 한 돌은 주먹만 한 돌대로, 잔돌은 잔돌대로 그 쓰임을 찾아 배치를 다르게 한다고 생각해야 한다. 그래서 섣불리 '필요 없는 존재'라고 말해서는 안 된다. 아직 그 쓰임을 알지 못하는 것이지 '필요 없는 존재'가 아니다.

인간사회에서 더욱 그러하다. 쓰임의 최선을 찾는 것이 중요하다. 버리는 것이 급하지 않다. 시인도 "흙이 흘러내리지 않도록 잔돌을 박아주려니/ 꼭 고만한 돌들이 안 보이더라"는 상황과 맞닥뜨리게 된다.

다음은 이진경 님이 고덕귀종(古德歸宗) 스님의 선문답을 해설하면서 한 말이다. 인연에 따른 관계 속에서 존재자들을 어떻게 보아야 할지 잘 드러나는 글이다.

"큰 것은 큰 것일 이유가 있고 작은 것은 작은 것일 이유가 있다는 말이다. 따라서 큰 것은 큰 것으로서, 작은 것은 작은 것으로서 존재할 이유가 있다. 즉 큰 것과 작은 것 사이에 좋고 나쁨은 따로 없으며, 큰 것은 큰 것대로, 작은 것은 작은 것대로 가치가 있다. 마찬가지로 큰 겨울오이처럼 특이한 것은 특이한 대로, 여름날 작고 평범한 오이는 평범한 대로 다 존재할 이유가 있으며 나름대로 다 가치가 있다.

따라서 만법이 돌아가는 하나(一)를 말한다 함은 단지 만법을 규정하는 하나의 법칙을 말하는 것과 다르다. 불법을 찾는 것은 모든 것에 적용되는 단일한 법칙을 찾는 것과 다르다. 그보다는 오히려 작은 돌이든 큰 돌이든, 냄새를 모르는 돌이나 냄새를 지각하는 사람이나 다 나름대로 그렇게 존재하는 이유가 있고, 모두 나름의 가치를 가지며, 그런 점에서 차별 없이 동등하다는 것을 말함이다.

그러니 만법이 돌아가는 '하나'란 하나의 보편자나 단일한 보편 법칙이 아니라 장자가 『제물론』에서 쓴 제물의 세계나 둔스 스코투스나 스피노자가 '존재는 하나'라고 했던 것과 훨씬 더 가까이 있다. 그것은 만물이 각이한 각자의 모습 그대로 평등한 세계를 말한다. 차이 그대로 평등한 세계, 그 평등한 세계에서 각자의 존재에 눈 돌리는 것이 불법(佛法)임을 말하는 것이다."(이진경 『설법하는 고양이와 부처가 된 로봇』, 모과나무, 2018)

하나로 이어진 상호 의존적 관계의 입장으로 보면 세상 만물은 나름대로 그렇게 존재하는 이유가 있다. 모두 나름의 가치를 가진다. 그래서 분별 선택보다 더 중요한 태도는 있는 '그것'을 그 자체로 긍정하며 온전히 그리고 풍요롭게 보는 태도일 것이다.

나의 것이라 여겼던 어리석음으로

우리는 늘 주체와 객체를 나누려 한다.
자아를 주체로 보고 대상 세계를 객체로 본다. 주체와 객체
는 별개의 사물이다. 하지만 상호의존적 관계에 서면 이 세
상은 자아와 세계, 인간과 자연, 정신과 물질식으로 이원적
으로 나눌 수 있는 실체가 아니다. 나와 세계는 한 몸이고
나의 삶이라는 행위를 통해 서로 영향을 주고받는, 서로 인
연이 되어 존재하는 것으로 나타난다. 그렇기에 먼저 '한 몸'
임을 알고 공명할 줄 아는 확장된 자아가 되어야 한다.

"평등은 이렇게 우리는 모두 '한 몸'이라는 생각을 가질
때 실현된다. 나와 남을 분별하는 분별심이 있으면 결코 평
등한 생각이 일어날 수 없다. 나무와 땅과 물과 공기가 서로
개별적인 존재라고 할 때는 결코 평등하지 않다. 그러나 나

무가 없으면 맑은 공기가 있을 수 없고, 맑은 공기가 없으면 나무가 있을 수 없고, 나무가 없으면 땅이 있을 수 없고, 땅이 없으면 물이 흘러갈 수 없다.

　이렇게 존재하는 모든 것이 서로서로 인연이 되어 존재하므로 크게 보면 '한 몸'을 이루고 있다. 이것을 깨닫는다면 나무가 공기를 업신여길 수 없고, 땅이 나무를 업신여길 수 없을 것이다. 나무는 땅을 존중하고, 공기는 나무를 존중하고, 물은 땅을 존중하고 이렇게 모두가 서로를 존중하는 것이다. 이렇게 모두가 존중할 때 모두가 존중받는 존재로서 평등해진다.······이와 같이 이 세상 모든 것은 같은 것이 하나도 없지만, 모두가 다르기 때문에 평등한 것이다."(이중표 『불교란 무엇인가』, 불광출판사, 2017)

　이렇게 관계로 이어진 '한 몸[동체(同體)]'이라는 생각을 자타불이(自他不二)의 의식이라고 한다. 어떻게 생각하면 신체나 자신의 정신이라는 좁은 자아의 틀에서 벗어난 '확장된 자아'가 되는 것이다. 그런 확장된 자아의 삶을 살 때 모든 것을 내 몸과 평등하게 대하며 공명하고 협력하는 삶이 된다.

　권정생 시인은 시「밭 한 떼기」(『어머니 사시는 그 나라에는』, 지식산

업사, 2000)에서 "온 우주 모든 것이/ 한 사람의/ '내' 것은 없다// 하나님도 /내' 거라고 하지 않으신다/ 이 세상/ 모든 것은/ 모두의 것이다"라고 말한다.

　세상 상호 의존적 관계의 세계에서는 어느 것 하나 개별적으로 존재하는 것이 없다. 나도 수없이 많은 나 아닌 것에 의해 나이고 끊임없이 변해가는 나이다. 생성 변화하는 나일 뿐이다. "밭 한 뙈기"도 밭 한 뙈기로 존재하지 않는다. 그 밭에는 흙뿐만 아니라 수없이 많은 미생물과 벌레와 곤충과 날짐승과 들짐승이 있고 물과 햇볕과 바람이 있고 풀과 뿌리가 있다. 그것들 서로에 '의하여' 존재한다.

　물론 인간도 그 인연 관계의 하나일 것이다. 인간이 그 밭 한 뙈기에 머무는 시간을 셈해 봐도 "내 것"이라고 말할 수 없다. 시인의 말처럼 "이 세상/ 우주 만물이/ 한 사람의/ '내' 것은" 없는 것이다. 각자 독립적이고 동일성을 유지하는 수없이 많은 인연에 따른 과정적 '그것'일 뿐이다.

　그렇기에 시인은 이 세상 "모든 것은/ 모두의 것"이다. "아기 종달새의 것도 되고/ 아기 까마귀의 것도 되고/ 다람쥐의 것도 되고/ 한 마리 메뚜기의 것도"된다고 말한다.

내가 농사를 짓고 있을 때는 그 인연 속에 내 것도 된다. 하지만 이때도 농사는 나만 짓는 것이 아니라 수없이 많은 미생물부터 자연현상까지 모두가 같이 한다는 것을 잊어서는 안 된다. 그런 점에서 '내 것'이라는 말이 성립하지 않는다. 또 그것들 모두에 '의하여' 내가 있으니 나도 '내 것'이라고 할 게 없다. 모두가 서로 인연이 되어 존재하고 있다. 상호 의존적 관계로 연결되어 있다.

그렇게 우리는 한 몸이다. 밭 한 뙈기, 논 한 뙈기, 나, 이 세상, 온 우주, 사람, 하나님, 종달새, 까마귀, 다람쥐, 메뚜기, 돌멩이 등이 서로서로 인연이 되어 한 몸을 이루고 있다. 상호 의존적 관계이다. "모든 것은/ 모두의 것"으로 두어야 이 세상이 무난(無難)하고 나도 무난하다. 그렇기에 한 몸으로서의 전체를 마음에 들여놓고 함께 살아가는 삶에 대해 생각해 보는 것이다.

전체와 공명하고 협력하며 자리이타적 삶을 사는 것이다.

4장.

내가 너를 느끼고
네가 나를 느낄 때

1. 너의 말에 귀 기울였다면 너도 나에게 - 이금례 「반석(盤石)」

2. 내가 할 수 없는 모든 것이 그의 삶이 되어 -조문경 「개구리알을 보다가」

3. 나 또한 너처럼 세 들어 살고 있는 -정수연 「고라니가 키우는 콩밭」

4. 눈부신 날갯짓 소리 들릴 듯한데 - 이준관 「가을 떡갈나무숲」

5. 당신의 말이 내가 되고 나의 말이 당신이 되니 -차옥혜 「새」

6. 나는 당신 안에서 숨 쉽니다 -김문 「민박집 할머니」

너의 말에 귀 기울였다면
너도 나에게

기나긴 생명의 역사가 있었다.
인간도 그 역사 속에서 태어났다. 그 역사 속에서 인간의 역사란 비유컨대 크리스마스이브 밤 정도의 시간이라고 한다. 그 기나긴 시간을 통해 지구의 존재자들은 서로가 서로에 연루되고 부르는 관계, 생명의 그물로 짜여 있다. 어떤 존재도 생명의 그물과 관계없이는 생존할 수 없다. 다른 개체의 생명들이 서로 연관되어 꼭 필요한 존재로 있다. 그것이 생명의 그물이라는 점에서 자리이타의 관계로 이어질 수밖에 없다.

생명의 그물이 이 세계를 짜 가는 관계 속에서 우리가 태어났다면 우리 안에도 생명의 역사가 고스란히 남아 있을 수밖에 없다. 우리 안에서 그 생명적 관계가 지금도 끊임없이 작동하고 있다는 말이다. 실제로 일상생활에서 누군가 꽃을 꺾는 모습을 보거나 반생명적인 행위를 할 때는 그냥 마음이 좋지 않다. 나를 위해 다른 것을 해칠 때 몸에서 생겨나는 생명적 저항이다. 이런 감정은 생명의 그물에 민감할수록 강하다.

이금례 시인의 시 「반석(盤石)」에서는 산에 갔다가 깔고 앉으려고 옮긴 돌멩이 밑에 "회갈색 쥐며느리가/ 짧은 다리를 종종거리며 갈팡질팡이다/ 자잘한 벌레들이 돌 밑바닥에 붙어 우왕좌왕 득시글"거린다. 뜻하지 않은 상황에 돌멩이를 팽개치고 자리를 뜬다. 한데 몇 걸음 못 가서 돌아온다. "그냥 너무 미안해"서였다. 이때 미안함은 머리 굴려 아는 것이 아니다. 그것은 몸의 이성, 우리 몸에 들어와 있는 35억 년의 생명적 관계가 내는 소리이다. 그래서 "내 미안함의 너머였으리라"는 구절에서 가슴이 쾅 울린다. 그 소리가 우리를 부끄럽게 한다. 아주 아주 뒤늦게 만들어진 자아, 그것은 계산하는 능력의 이성은 알지 못하는 무엇이다. 그래서 "그냥 너무 미안해"로 표현한 것이다.

산을 다니던 분들은 다 이런 경험이 있을 것이다. 넓적한 돌멩이를 찾아 옮기려고. 번쩍 들었을 때, 하나의 존재가 계통발생을 반복한다면, 자연으로서의 몸 어디에 '미루어 짐작할 수 있는 저 상황'이 있었을 것이다.

돌아가 돌을 제자리에 올려놓으면서 얼핏 본다. 거기에 그들이 살고 있는 생태계가 있었다. 그 밑 생물에게는 거기가 저들의 하늘이고, 아주 믿음직한 생의 반석(盤石)이었던 것이다. 그 순간, 언젠가 읽었던 성경 구절이 떠오른다.

"내가 너희와 언약을 세우리니 다시는 모든 생물을 홍수로 멸하지 아니할 것이다"(창세기 9:11). 저는 이런 말이 있는지도 모르지만, 하나님의 말씀도 모든 생명을 함부로 하지 않고 아낀다. 그래서 그 말씀을 믿는 "저 돌 밑 백성의 반석이었으리라"고 말한다. 그때야 비로소 나는 내 "미안함 너머"를 가진 존재가 된다. 눈에 보이고 손으로 만져지고 머리로 계산되는 세계만 믿는 초라한 인간이 아니라 "내 미안함의 너머" 무엇이다.

따라서 우리를 확장시킨다 함은, 생명의 그물 전체로 나아간다는 말이 될 것이다. 그래서 장회익 님은 "인간은 본질적으로 온 생명과 독립된 독자적인 존재가 아니라 온생명의 한 부분으로 하나의 개체 생명에 불과하다."고 말한다.

　그렇다면 시인이 "미안함 너머"의 소리를 듣게 되는 것은 바로 온생명을 느끼는 매우 중요한 체험이다.

　다음 인디언 할아버지의 말씀을 기억해 두자.
　"삶의 기본 진리란 남을 해치지 않아야 한다는 것이다. 여기에는 사람뿐 아니라 모든 형태의 생명이 포함된다. 자신의 이익을 위해 남을 간섭하고 통제하고 지배하지 않는다는 뜻이다. 모든 존재는 그 자신의 방식으로, 그 자신의 삶을 살아갈 권리가 있다. 모든 존재는 고귀한 것이고, 또한 생의 목적을 가지고 있다. 그 목적을 실현하기 위해서 스스로 자기를 다스리는 힘이 필요한 것이며, 그것이 영적인 힘이다."
(롤링 썬더/ 체로키족)

내가 할 수 없는 모든 것이
그의 삶이 되어

생명적 관계를 느끼기 시작하면
사람의 표정이 달라진다. 철 든다는 말을 이런 의미로 생각
된다. 비로소 관계 속에서 자신의 지위와 역할 그리고 삶의
의미 등을 생각하기 때문이다. 물론 우리는 제멋대로 살 수
도 있고, 이런저런 관계에 붙들려 살 수도 있다. 제멋대로
사는 것도 나름대로 값진 삶이다. 그러나 자기도 모르는 자
기 안의 힘에 휘둘린다는 의미도 있으니 꼭 좋은 것만도 아
니다. 이런저런 관계에 붙들려 사는 것도 사회적으로 주어진
의무라는 점에서 좋다고만 할 수는 없다.

그러나 관계를 느끼면 확실히 신중해지고 역할에 대해 의식적으로 집중하게 된다. 능동적으로 행동하게 되고 그에 따른 성취적 기쁨을 누릴 수 있는 게 분명하다.

　생명적 관계의 그물에서도 자기를 자리매김하면 똑같은 효과가 나타난다. 이를 지구적 차원에서 철드는 것이라고 볼 수 있다. 더욱이 우리의 문화가 물질적 가치를 추구한다는 점에서 생명의 그물을 생각하는 것은 엄청난 변화이다.

　그 까닭을 알 수 있는 장회익 선생의 글이다.

　"온생명을 가장 본원적인 생존 단위로 설정함은, 모든 개체 생명들이 자신들의 보생명(co-life)과 더불어 온생명으로서의 생존을 유지한다. 동시에 상대적인 독립성을 지닌 개체로서의 생존도 유지해 가는 존재가 된다. 이는 기존의 개체 생명 중심적 관점과 크게 다르다.

　기존의 개체 중심적 관점은

　첫째, 개체 생명 단위의 투쟁을 생명의 본원적 양상으로 파악하여 약육강식이란 이해에 집착하게 되고, 두 번째로는 '밀림의 규칙'이 팽배하는 자연계에 자연 외적인 윤리를 '부가'함으로써 적어도 인간사회만이라도 구제하려는 노력을 하게 된다."(장회익 『삶과 온생명』, 현암사, 2014)

온생명으로 이어지는 관계를 느끼고 보기 시작한다면 어떤 변화가 생길까?

"자연의 본원적 질서는 기본적으로 경쟁이 아닌 협동이 된다. 동종의 개체들은 협동을 통해 한층 높은 차원의 상위 개체를 형성하며, 이러한 상위 개체들은 다시 그들 사이의 새로운 협동을 통해 한층 높은 상위 개체를 형성해 나가면서 최종적으로는 하나의 생존 단위인 온생명에 이르게 되는 것이다. 이와 동시에 타종의 개체 생명들은 서로가 서로의 생존을 지탱해 주는 생태적인 연계로 묶여 있음으로써 전체적으로 온생명 안에서의 분화된 기능을 담당한다고 말할 수 있다."(장회익 『삶과 온생명』, 현암사, 2014)

약육강식 사회의 경쟁을 생각하는 사람과 건강한 삶을 위해 협동을 생각하는 사람의 차이는 아무리 어리석은 사람일지라도 모를 리 없다. 극단화시켜 말하면 전자는 잡아먹으려는 사회이고 후자는 도와서 이루려는 사회이다. 그러니 모든 게 다를 수밖에 없다.

조문경 시인의 시 「개구리알을 보다가」(『엄마 생각』, 갈무리, 2013)에서 "내가 할 수 없는 모든 것이 그의 삶이 되어"라는 말이 박힌다. 내가 할 수 없는 일, 지금 내가 하지 못하는 일을 '그'가 하고 있고, 그렇게 하는 존재로 '그것'이다. 실제로 주변을 둘러보면 나 아닌 모든 존재가 내가 할 수 없는 모든 것을 하며 살아간다. 이는 나에게도 적용되어 나도 그들이 하지 못하는 일을 하는 '나'일 것이다. 이렇게 생각하면, 내가 할 수 없을 것을 하는 존재가 '나 이외'의 모든 존재이고 나를 포함한 세계이다. 나라는 개별 생명은 나 아닌 개개의 생명과 의존하여 존재한다. 그래서 더불어 하려는 마음이 아니면 한 사람 구실도 제대로 할 수 없다.

그럼에도 우리는 '너는 필요 없다'는 말을 수시로 한다. 인디언의 지혜에서처럼 '너는 필요 없다'고 손가락질하는 것이 실은 하나의 손가락을 제외한 나머지 손가락 방향이 자신을 가리키는데도 말이다. 그러니 "내가 할 수 없는 모든 것의 삶"이 존재자들의 세상이다. 그 안에 나도 있다는 마음과 세상을 약육강식과 적자생존이 지배하는 곳으로 생각하는 마음은 다를 수밖에 없다.

예를 들어 인간의 욕구 중에서 가장 강력한, '다른 것과 관계 맺으려는 욕구'도 한쪽으로는 착취의 욕구가 되고 다른 한쪽은 협동의 욕구가 된다. 한쪽에서는 지배가 되고 다른 한쪽에서는 공생이 된다. 그러니 생명의 그물을 생각한다는 것은 이미 혁명이다. 그리고 지구적 차원에서 철드는 행위이다.

조문경 시인의 시는 그런 관계 맺기의 어떤 원칙 같은 것을 보여 준다.
우선 낯선 생명체를 '그것'으로 인정한다.
"무엇을 하며 사는지/ 왜 사는지/ 생의 소소한 재미 또 슬픔은 무엇인지/ 도무지 알 수 없는" 생명체이지만 "살아 있는" '그것'으로 인정하는 것이다. 내가 아는 것이라고 하여 그 앎으로 그것을 제한하지 않는다. 또 내가 모른다고 하여 그것을 제한하거나 왜곡하지도 않는다. "무엇을 하며 사는지/ 왜 사는지"는 모르지만 내가 하지 못하는 것을 할 것이라는, 기본적인 원칙에서의 관계이다. 관계가 설정되었기에 "수리산 계곡에서 지금 춘분을 넘어서 '개구리다'에게 가고 있다"고 생각한다. 그것에 대해 모른다는 것이 새로운 이해의 계기는 될지언정 배제의 근거는 아니다.

시인은 다음과 같은 원칙도 제시한다.

"손가락 하나 잠깐 담갔는데도 얼어버릴 것 같은/ 차가운 물에서 태어나니/ 생명인 것은 나와 같지만/ 새삼스럽지 않게 그래 새삼스럽지 않게 모든 게 다르리라". 지금 시인은 '생명'이라는 공통점을 찾았다. 그래서 '다르다'는 것이 만들 수 있는 두려움을 누르고 당연한 다름을 생각한다. 공통점으로부터 당연한 차이로 나아가려는 마음은 관계를 생각하는 자에게 무조건 필요한 원칙이다. 그래서 "나와 함께 이 순간을 살아 있으면서도/ 내가 할 수 없는 모든 것이 그의 삶이 되어"라고 말할 수 있는 것이다. 차이를 인정할 뿐만 아니라 그 차이로 하여 모든 존재의 세상을 긍정하는 것이다.

그런데 이런 생각이 어디에서 나온 것일까? 나를 미루어 보아 안 것이다. "저마다 생을 살아갈 것이다……태어난 내가 그랬던 것처럼". 나를 미루어 생각하는 것이다. 물론 내가 모르는데 어떻게 생각할 수 있냐고 말할 수도 있다.

이에 대해 어떤 길을 열어주는 대답이, 에릭 프롬이 우리는 휴머니즘적 경험을 생생하게 많이 하는 삶을 통해 거듭 나야 한다며 했던 다음 말이다.
"휴머니즘의 경험은 우리들이 보통 연결시키지 못하는 현상, 즉 무의식 현상과 아주 중요한 관계가 있다.……우리의 무의식은 전 인간(der ganze Mensch)이다. 우리가 무의식과 접촉할 경우에 인류와 접촉하는 것이라는 사실에서 찾을 수 있다. 우리가 우리 내면에서 전 인간과 접촉한다면, 낯선 것이라곤 아무것도 없다. 우월감을 가지고 다른 이들을 판단하는 일은 결코 없을 것이다. 우리가 우리의 무의식과 관계를 맺는다면, 사실상 우리가 다른 이들을 각기 경험하는 것처럼 스스로를 경험하게 된다. 우리가 우리 자신의 내면에 전 인류(die ganze Menschheit)를 품고 있다는 생각이 구체화되고 명백해져서 이른바 피와 살이 된다."(『인간에 대한 믿음』, 99쪽).

이렇듯 생명의 그물에까지 연결된 나를 생각한다면 '관계 맺을 수 없는 것이 없다'고 말할 수 있다. 이런 체험이 많아질 때 우리는 더 큰 인간이 되는 것이다. 그런 태도를 일컫는 한마디가 바로 나를 미루어 볼 때 "내가 할 수 없는 모든 것이 그의 삶"이다.

그래서 생명의 그물을 생각하는 철든 사람은 말한다.
나를 미루어 다른 어느 곳에서 태어난 그가 그랬던 것처럼, 그리고 수리산 계곡에서 태어난 개구리가 그랬던 것처럼, 지구상에 사는 모든 생명들이 그랬던 것처럼 모두는 다르다. 그 다름은 일이 다르기 때문이다. 그래서 누구도 대신할 수 없는 다름의 "저마다 생을 살아"간다. 다른 어떤 것도 대신할 수 없는 자기만의 존재로 말이다. 그렇다면 모든 존재는 "내가 할 수 없는 모든 것이 그의 삶"인 존재이다. 그런 존재자들이 생명적 관계로 아주 긴밀하게 연결되어 있다.

그렇다면 우리는 어떻게 행동해야 할까? 상대를 잡아먹으려고 해야 할까? 도와서 건강한 삶을 이루어야 할까?

나 또한 너처럼 세 들어 살고 있는

　　　　　　생명적 관계를 나누며 살고 있는 우리가
자신의 이익을 위해 간섭하고 통제하고 지배하려는 것은 옳
지 않다. 옳지 않기에 그러려는 마음을 스스로 다스려야 한
다. 생명 관계 전체를 느끼고 각성하며, 함께 살아야 한다.

　십수 년 전에 한 시인이 산 밑 조그마한 집을 임대해서
살고 있었다. 임대 기간이 끝나 갈 무렵 어디서 돈이 생겼는
지 집을 깨끗이 수리했다. '곧 이사 가게 될지도 모르는데
아깝지 않냐?'고 물었다. 그랬더니 '내가 살았던 집인데 깨
끗하게 넘겨주고 싶다'고 했다. 그러면서 애당초 우리는 어
디든 다 세 들어 사는 것이라는 말을 덧붙였다.

　그 후로 잊었던 말인데 정수연 시인의 시「고라니를 키우

는 콩밭」을 읽으니 '세 들어 산다'는 생각이야말로 소유적 삶의 양식에서 존재적이고 관계적인 삶의 양식으로의 전환에 해당하는 말이란 생각이 들었다. 내가 그 집에 세 들어 산다고 생각한다면, 원래 우리가 고라니 땅에 세 들어 산다고 생각하면 문제 될 것은 세 들어 사는 우리다. 우리가 열심히 사는 것도 그 관계 안에서이다.

　시인은 동네 할매에게 산밭을 하나 얻었다. 옆 밭 할매가 귀띔하길 "매년 콩을 심어도 한 알도 거두지 못했단다/ 원래부터 살고 있던 고라니가/ 새순을 따먹기 때문"이다. 그곳이 개간하기 전에는 고라니가 뛰놀던 숲이었다니 고라니의 땅이었다. 그럼에도 시인은 "김매기에 바쁘다/ 두어 고랑 남았는데 뉘엿뉘엿 해가 진다" "손을 멈출 수 없다// 밭이 환해서 하늘을 올려다보니/ 달이 뜨고 별이 반짝인다"가 될 때까지 일을 한다. 그 노력은 관계 속에서 세 들어 사는 내 몫의 일이라는 사실을 잊지 않는 것이다. 그 사실을 잊고 나의 이익에만 기반할 때 관계는 적대적 관계가 될 수밖에 없다.

　그래서 애당초 내가 세 들어 산다는 마음으로 새로운 관계적 삶의 양식을 만들어야 한다. 물론 그 삶의 양식이 어떤 것일지는 아무도 예측할 수 없다. 왜냐하면 삶의 양식이란 주어져 있는 것이 아니고 구체적 관계에서 자라나는 것이기 때문이다. 그래서 "숲속에서 콩밭을 지켜보는 저 눈/ 순한 고라니도/ 순한 나도/ 콩밭은 포기할 수 없다/ 나중엔 누구 것이 될지 모르겠지만/ 지금은 우선 같이 키우자고/ 바람에 서신을 보낸다"는 시인의 자세가 중요하다. 고라니에서 나에게로 소유권이 이전된 것이 아니라 고라니도 나도 '세 들어 사는 관계'로 새롭게 조정하는 것이다.

세상은 지금 백무산 시인이 상징적으로 말했듯이 산 꿩이 새 알을 쪼고, 멧돼지가 내려와 논, 밭을 파헤치고, 메뚜기나 까치가 떼로 날고, 곤충들이 떼로 습격하는 일들이 벌어지고 있다. 사람들이 했던 대로 똑같이 짐승이나 곤충들이 하는 것이다. 하지만 이런 악순환을 반복할 수는 없다. 그래서 시인의 "내가 없는 밤에/ 콩대가 쑤욱 쑥 자라는 건/ 밤새 고라니가 키우기 때문"이라는 생각을 들이는 태도가 소중하다. 관계를 잊지 않고 '나 또한 너처럼 세 들어 산다'는 마음을 나눌 때 생명공동체가 되는 것이다. 거기에서 따뜻한 생명 세상이 출렁일 수 있다.

눈부신 날갯짓 소리 들릴 듯한데

끝없는 관계의 '일중다 다중일(一中多, 多中一)**'의 세상은**
전체가 통하여 하나하나 제 몫을 다하며 아름다운 일치를
이루는 세계이다. 이것이 저것에 잇따라 일어나는 연기론적
(緣起論的) 세상이다. 어울려 하나이면서도 뭉침과 흩어짐의 역
동적 운동의 세계이다.

그런데도 그동안 우리의 삶은 내 한 몸 간수하고 살기도
바빴다. '내 한 몸 간수'하는 문화가 정착되면서 '내 한 몸'
이 생명의 그물에서 자기만 생각하는 암세포처럼 변한다. 열
심히 살수록 오히려 팍팍해진다. 내가 잘사는 일이 타자를
착취하는 일이 되어버린다. 내가 잘사는 일이 자연을 착취하
는 일이 된다. 뭔가 이상한 일들이 자꾸 일어난다.

장회익 선생은 다음처럼 말한다.

"오늘의 산업기술은 시장경제를 통한 경쟁사회로 연결되고, 경쟁적 시장경제는 다시 인간의 물질적 욕구를 부추긴다. 상승된 욕구는 새로운 기술과 제품을 갈구하고, 이는 다시 보다 격화된 형태의 경쟁사회로 인도한다. 이러한 과정에 의해 증폭된 인간의 산업 활동이란 다름 아닌 온생명의 신체 위에서 신체의 각 부위를 각가지 방식으로 변형시켜서 '인간만을 위한 유용한' 그 무엇을 짜내는 행위에 다름 아니다. 그러므로 이에 대처할 가장 긴급한 사항은, 온생명으로 하여금 의식을 갖추어 통증을 느끼고 상황에 대비하도록 하는 일이다. 이는 곧 온생명이 바로 우리의 몸임을, 이것이 바로 나의 생명이며 '나' 자신임을 깨달아 알게 되는 일이다."(장회익 『삶과 온생명』, 현암사, 2014)

이를 위해 우선 생명의 그물을 느낄 수 있는 감수성이 필요하다. 물론 이 감수성은 우리 안에 묻혀 있는 것이기에 그것을 일깨워야 한다, 우리의 삶과 자주 혹은 늘 마주 세워 생각해야 한다. 그때 메말라가던 우리들의 영성이 살아난다. 풍요로운 인간은 온생명을 자신으로 아는 인간이다.

생명의 관계를 느끼고 회복하는 것이야말로 인간의 회복이다.

이준관 시인의 시「가을 떡갈나무숲」(『가을 떡갈나무 숲』, 나남, 1991)으로 들어가면 생명적 관계의 그물을 느끼며 정화된다. 숲은 그 구성원 모두가 생명의 관계로 한 몸을 이룬다. 서로 다른 기능을 하면서도 서로에게 연결되어 하나의 그물이 된다.

한여름 산소공장 역할을 하던 떡갈나무잎이 "너구리나 오소리의 따뜻한 털이 되었다. 아니면, / 쐐기집이거나, 지난여름 풀 아래 자지러지게 / 울어대던 벌레들의 알의 집이 되었다." 그 엄청난 기능이 모두에게 흘러가고 모두를 모이게 한다. 그로 하여 "풍뎅이들의 혼례, / 그 눈부신 날갯짓 소리"가 있고 그게 변하여 텃새의 아름다운 목청도 거기에 있게 한다.

어떤 것도 고립되어 있지 않다. 서로가 서로에게 상감(象嵌)되어 있어, 서로가 서로에게 생명이 되어준다. 그 긴밀함의 정도가 이 끝과 저 끝을 이어 하나이게 한다. 그런 마음의 상태를 시인은 "오늘밤엔/ 이 떡갈나무숲을 온통 차지해 버리는 별이 될 것 같다"고 표현한다. 내가 숲을 호흡하는 것이 아니라 숲이 나를 호흡한다. 그 호흡으로 하여 생명의 그물에서 나의 좌표가 만들어진다.

이제 비로소 생명의 그물 안에서 인간도 자연의 한 이름이 된다. 생명의 그물이라는 직물 속에서 하나의 코이다. 그때 생명의 그물 전체에 속해 있는 미의식을 갖게 된다. 그래서 시인의 "그 순한 山짐승의/ 젖꼭지처럼 까맣다"는 다만 '젖꼭지처럼 까맣다'에 머무는 것이 아니다. "어느 山짐승이 혀로 핥아보다가, 뒤에 오는/ 제 새끼를 위해 남겨" 놓은, "순한 山짐승의 젖꼭지"이다. 생명의 그물 윤리를 담고 있는 '까맣다'를 느끼는 것이다. 이제 파괴되었던 몸에 생명의 그물이 온전히 복원된다. 아울러 "외롭다고 쓸쓸하다고"의 인간도 "겨울에도 얼지 않는 파릇한 산울림"이 퍼져 가는 생명의 좌표를 갖는 존재로 회복된다.

여기에 인디언 생각을 더하면 관계 회복이야말로 생명의 기쁨을 채우는 일임을 알 수 있을 것이다.
"평원에 핀 꽃, 그곳에 불어가는 바람, 바위와 나무와 새,

들짐승 −이 모두가 똑같은 생명의 힘을 나누어 갖고 있었다. 그리고 똑같은 힘이 최초의 인간에게도 숨을 불어넣었다. 우리는 그것을 '위대한 신비'라 불렀다. 모든 것은 한 부족이었다. 대지와 하늘 사이에서 숨 쉬는 모든 생명체가 한 혈족이었다.

우리는 이른 새벽마다 미명을 헤치고 들판으로 나가서 지켜보곤 했다. 들짐승과 새의 세계에는 형제의 감정이 존재했다. 그들 사이에서 나의 라코타 족이 안전하게 살 수 있었던 것도 그 때문이었다. 라코타 족은 언제나 이들 날개 달리고 털 달린 친구들에게 형제애를 갖고 가까이 다가갈 수 있었으며, 그들과 하나의 언어로 말했다.

동물들은 권리를 갖고 있었다. 인간의 보호를 받을 권리, 삶을 누릴 권리, 자유로울 권리, 그리고 인간의 어깨에 기댈 권리를 갖고 있었다. 이 권리를 알고 있었기 때문에 라코타 족은 결코 동물을 노예처럼 부리지 않았으며, 음식이나 의복에 필요한 것만 제외하고는 함께 삶을 공유했다. 라코타 족은 바로 그러한 마음을 갖고 있었다. 생명과 생명의 관계를 바로 그러한 마음으로 보았다.

이 마음은 라코타 족에게 변치 않는 사랑을 심어주었다. 그것은 그의 존재 안을 삶의 기쁨인 신비로 채웠다. 그것은 그로 하여금 모든 생명을 외경심으로 보도록 만들었다. 라코타 부족과 함께라면, 생명 가진 모든 것은 이 대지와 하늘의 틀 안에서 저마다 똑같은 중요성을 갖고 저마다의 살 장소를 차지할 수 있었다. 라코타 족은 어떤 창조물도 속일 줄 몰랐다. 모두가 같은 손에 의해 만들어지고, '위대한 신비'로 채워진 한 혈족이기 때문이었다."(스탠딩 베어/테톤 수우 족)

당신의 말이 내가 되고
나의 말이 당신이 되니

인간은 생명의 그물에서 한 코에 불과하다.
그것은 작아진다는 의미가 아니다. 생명의 그물 전체를 몸의
일부로 가진 거대한 존재이다. 조그맣고 연약한 하나의 인간
으로 분리된 존재가 아니다. '스스로 그러함'의 생명의 그물
에 연결된 소우주이다.

우리의 삶이 그 자체로 관계이고 나눔이기에 우리는 늘
관계의 그물에 마음을 기울이고 있어야 한다. 우리가 잘못되
는 것은 관계의 그물로부터 멀어져 독단하는 일이 생기기
때문이다. 외로워하고 방황하는 것도 생명의 그물로부터 멀
어져 있기에 생겨나는 감정이고 현상이다. 그래서 생명의 그
물에 살려고 온 우리는 관계의 그물, 그 소리를 귀담아들어

야 한다.

인디언 할아버지는 다음처럼 말한다.

"목이 마를 때 물을 찾듯이 우리는 영혼의 갈증을 느낄 때면 평원이나 들판을 걸어 나간다. 그곳에서 혼자만의 시간을 갖는다. 그리고는 홀연히 깨닫는다. 혼자만의 시간이란 없다는 것을. 대지는 보이지 않는 혼(魂)으로 가득 차 있고, 부지런히 움직이는 곤충들과 명랑한 햇볕이 내는 소리들로 가득 차 있기에, 그 속에서 누구라도 혼자가 아니다. 자신이 아무리 혼자뿐이라고 주장해도 혼자인 사람은 아무도 없다. 평원의 한 오솔길에서 귀를 기울인다. 부산한 소리들 너머에서 평소에는 듣지 못하던 어떤 소리가 들린다. 우리는 그것을 '강의 소리'라고도 하고 '신성한 산'의 소리라고도 한다."

(인디언 델라웨어族 운디드 하트)

내가 나로 고립되고 분리되어 있다고 생각하는 한 나는 티끌 그 자체이다. 하지만 우주 삼라만상이 나와 함께 하는 존재라면 뿌듯하고 행복하다. 내 즐거움으로 저기에 있는 푸른 나뭇잎으로 반짝이고 있다는 생각이 든다. 내 우울함이 하늘을 흐리게도 하리라는 생각도 한다. 어떤 경우든 내가 반듯하게 서면 나로 인하여 주위의 사람들이 반듯이 설 수 있을 거라는 생각도 든다. 그 반대가 되면 나로 인하여 많은 분이 힘들어하리라는 생각도 한다. 그래서 나는 더 이상 이 지구에, 도시 어느 한 귀퉁이에 던져진 존재가 아니다. 나는 전체, 생명의 그물을 느끼고 함께 호흡하는 고귀한 사람이다.

이처럼 우리는 우리보다 거대한 생명의 그물을 포함하고 있다. 그를 느끼고 함께 할 때 우리는 더 풍요로운 인간이 될 수 있다.

차옥혜 시인은 시「새」(『깊고 먼 이름』, 민음사, 1986)에서 "알 껍질을 깨고/ 어서 하늘을 날으라는"고 한다. 세상에 온 생명인, 새에게 너무나 당연하다. 그러기에 누구도 그것을 명령으로 생각하지 않는다. 알은 껍질을 깨트리고 나오지 않으면 죽음이다. 그래서 그것은 본능이자, 생명의 명령이고, 생명그물의 명령이다. 그 명령은 '너의 삶을 살라'이다. 너의 삶을 사랑하면서 훨훨 날아오르라는 말씀이다. 그 말씀은 생명에 담긴 "소리 없는 말씀"이다. 그래서 "당신"은 생명의 그물 자체이다.

알이 상징하는 것은

첫째, 자연과 하나인 상태로 미분화된 일차적 존재이다. 에덴동산의 아담과 이브와 같은 상태일 것이다.

두 번째, 김상일 선생이 표현한 "알 속에서 생명은 자기가 자기 속에서 자기에 의해 자기를 먹고 생명을 유지한다. 아직 분별된 의식이 깨어나지 못한 전자아(前自我, pre-ego)의 시기라고 할 수 있다"에 해당하는 존재이다. 아직 미분화된 애매모호한 생태이다.

세 번째, 아직 생명의 그물을 느껴 보지 못한 존재이다.

이 세 가지로 보아 "알 껍질을 깨고" 나오는 것은 '스스로 깨고 나오는 것'이어야 한다, 그것은 생명의 그물을 충분히 느끼는 삶을 살며, 그로 하여 '날 수 있는' 독립과 자유를 얻는 것을 말한다. 이것이 세상에 온 모든 생명에게 주어진 "소리 없는 말씀"이고 생명의 그물이 내리는 명령이다.

그런데 시인은 이 말씀을 "당신"에게서 듣는다. 보통의 경우 당신이라는 존재는 소리를 가지고 있다. 하지만 이 시에서의 당신은 "소리 없는 말씀"을 행하는 존재이다. 그 존재가 자연(스스로 그러함)하고 '소리 없는 말씀'을 행한다면 인간적 상상력으로 접근할 수 없는 무엇이다. 그렇기에 그 중간에서 제사장처럼 그 말을 법제화하여 권위로 삼는 자는 당연히 부정된다. 따라서 그런 "당신"이라면 자연의 법이고 생명의 그물 자체일 것이다.

그런데 시인은 깨우침으로 "당신의 얼굴을 본 일은 없어도/ 나는 당신을 압니다", "당신의 소리 없는 말씀을/ 나는 들을 수 있습니다"고 한다. 깨우침의 말씀이 온 것이다. 그래서 알을 깨고 날라는 "소리 없는 말씀"은 지극히 당연하다. 내가 자연함으로 존재하면 그냥 알 수 있는 것이다. 그게 메추라기든, 다른 새든, 아직 미분별적 의식의 생명이든, 당신을 모르는 생명체든, 다 알고 있다. 깨고 나오지 않으면 안 되게 되어 있다. 그것을 깨고 나와서야 비로소 자기의 삶을 살아갈 수 있다. 이런 사실은 생명의 그물을 사는 존재라면 언어 이전의 '스스로 그러함'의 법으로 '그냥' 알아야 마땅하다.

하지만 오랜 세월 생명의 그물을 잊고 살던 '알' 같은 존재인, 인간은 그렇지 못하다. 보지 않고는 모른다고 하고, 직접 귀의 청각을 울려 듣지 않고는 없다고 한다. 그러니 그

앎이 결코 '그냥' 생겨난 것일 수 없다. 시인은 그 앎은 "거기 지구 밖/ 나를 품어 굴리는 당신을 사랑하기 때문"이라 말한다. 이때의 사랑이란 능동적으로 세상과 관계 맺기이다. 생명의 세상에서 열심히 살려고 노력하면 느껴지는 깨달음이다. 스스로 그러한 생명의 그물이다. 하나의 알에 전체로서의 당신이 포함되고 또한 전체로서의 당신에 하나의 알이 포함되는 '일중다 다중일(一中多 多中一)'의 역동적인 관계이다.

이렇게 "소리 없는 말씀"을 듣는 것은 앞서 인디언 할아버지가 "우리는 그것을 '강의 소리'라고도 하고 '신성한 산'의 소리라고도 한다"의 그 소리와 같은 것이다. 그때의 상태는 에크하르트 수사가 "아버지가 아들을 향해 웃고 아들이 웃음으로 응답할 때, 그 웃음은 즐거움을 불러일으키고, 그 즐거움은 기쁨을 만들며, 그 기쁨은 사랑을 낳고, 그 사랑은 인격을 만들어 내며, 이 인격이 성령을 창조한다"고 말했던 것과 같은 상태이다.

그러니 "소리 없는 말씀"도, 껍질을 깨고 나와 하늘을 나는 것도 모두 사랑일 뿐이다. 스스로 그러함일 뿐이고 생명의 그물이 출렁이는 것이다.

그래서 "소리 없는 말씀"에 대해 다시 생각해 봐야 한다. 지금 시인이 듣고 있고, 나와 우리 그리고 지구가 들어야 할 살아 있는 말이다. 그럼에도 들을 귀가 없는 자는 들을 수 없는 말이다. 자신이 "미명의 수렁 밭"이라면 어쩔 수 없는 일이다. 하지만 제 마음이 열리면 완전히 다른 차원이 열린다. 때로는 당신의 말이 나의 말이 되기도 하고, 나의 말이 당신의 말이 되기도 하는 삶이 된다. 지금 이 시가 바로 이런 상태로 문턱에서 넘어가는 오도송(悟道頌) 같은 것이다.

"소리 없는 말씀"을 들어 생명적 관계의 그물로 돋움하는 큰마음이 열리는 노래, 그게 바로 사랑이 흐르는 생명의 그물이고 이 세상이길 희망해 본다.

나는 당신 안에서 숨 쉽니다

각각의 차이를 특징으로 하는 거대한 생명의 그물이 '나'라는 차이의 생명을 낳는 것은 '필요' 때문이다. 그 필요가 구체적으로 무엇인지는 아직 모른다. 그러나 '필요'가 아니라면 생성할 까닭이 없다. 이 세계는 생명의 그물 존재자들이 필요를 다하면서 살아가는 곳이다. 그렇기에 나를 포함하여 모든 존재자는 생명의 그물 손님이다. 우주적 필연을 구유(具有)한 존재라는 점에서 주인이기도 하다.

생명의 그물 속에서 내가 누구인지 그리고 무엇을 해야 하는지 생각해 본 적 없다. 내 안에 들어 있는 우주적 필요를 생각해 본 적도 없다. 만약 생명의 그물에 필요를 가지고 이 세상에 왔다면 이제부터라도 생명의 그물 안에서 손님이자 주인으로 사는 것에 대해 생각해 봐야 한다.

인디언 할아버지의 다음 말씀이 좋은 길잡이가 된다.

"우리 인디언은 나무와 풀, 짐승과 사람, 별과 모래 같은 것들이 한결같이 위대한 정령의 품에서 나왔으며, 이 세상에서의 삶을 마치면 다시금 그 품으로 돌아간다고 믿는다. 각자의 삶은 각자의 것이고, 누구도 타인의 길을 지시하거나 명령할 수 없다는 것이 우리의 생각이다. 평원을 걸어가다가 만난 들쥐는 들쥐만의 세계에서 열심히 살아갈 것이고, 비록 그가 이 생에서 약간의 잘못을 저질렀다 해도 위대한 정령은 그것을 하나의 배움의 과정으로 여기실 것이다. 나뭇가지에서 노려보는 찌르레기는 찌르레기만의 세계에서 열심히 살아갈 것이고, 설혹 그가 다른 나무에 앉은 찌르레기에게 약간의 미안한 행동을 했다고 해도 그것 역시 배움의 과정에 포함될 것이다. 들쥐는 찌르레기에게 들쥐의 믿음을 강요하지 않고, 찌르레기는 들쥐에게 찌르레기의 믿음을 강요하지 않는다. 우리 인디언들 역시 누구에게 자신의 믿음을 선전하고 강요하는 것을 금기로 삼고 있다." (『인디언의 지혜와 잠언』, 다봄출판사. 2020)

이 세상에 존재하는 것은 다 자기의 삶을 산다는 말이다. 생명에만 국한된 말이 아니다. '별과 모래 같은' 무생물도 포함하여 삶이 있으면 삶을 담는 생명이다. 물론 생명의 그물을 말할 때는 이 지구가 복잡한 피드백 루프를 가진 자동 조절 체계로 되어 있다. 이 피드백 루프가 생물 시스템과 무생물 시스템을 하나로 잇고 있다는 생각에 근거한다. 특히 가이아 가설(Gaia hypothesis)은 지구가 생명 없는 암석, 바다, 대기로 이루어져 있고 단지 생물들이 그 위에 살고 있는 것이라는, 관념을 깨뜨린다. 지금껏 우리가 생명의 환경이라고 간주해 온 것들 역시 생명의 거대한 피드백 루프에 함께 한다는 사실을 입증한다. 그렇다면 이 세상의 존재자들은 인디언 할아버지의 말씀처럼 '각자 제 몫의 삶'을 사는 것이다. 그리고 이 삶은 나의 삶과 마찬가지로 생명의 그물로 이어져 있는 생명의 그물이 낸 삶이다.

그렇다면 '각자의 삶은 누구도 길을 지시하거나 명령할 수 없다는 것이 우리의 생각이다'가 생명의 그물을 살아가는 존재자들 모두의 생각이어야 한다. 이유는 35억 년 생명의 그물이 자신의 필요로 짜놓은 관계의 법이기 때문이다.

민박집은 외지에서 하루이틀 묵는 곳이다. 그런 민박집을 상징적으로 보면, 우리가 살고 있는 이 세상은 35억 년이라는 생명의 그물 시간에서는 민박집에서의 잠깐과 같다. 아주 미미한 정도의 차이는 있겠지만 바로 그런 민박집에 묵고 가는 손님에 불과하다.

　김문 시인의 시 「민박집 할머니」에서는 쇤 쑥대도, 모기도, 버러지도, 나도 그리고 할머니도 생명의 그물이라는 민박집 손님일 뿐이다. 그 인연의 관계가 어떻게 맺어졌는지는 알 수 없다. 그러나 모두 제 몫의 삶을 살려고 지구에 온 '숙박하는' 한 식구로 존재한다. 모두는 혼자서는 살 수 없는 다른 존재와 더불어 산다.

　이런 생각으로 시인이 말하는 민박집 할머니의 문답을 생각해 보자.

　"쇤 쑥대 한 아름 베어서/ 풀밭에 툴툴 터시기에/ 왜 그러시냐고 물었더니/ 벌러지도 산 목숨잉께/ 살 놈은 살라고 그라요 하신다". 흙먼지를 흠뻑 쓴 쇤 쑥대를 베고 터는 것은 쉽지 않은 일이다. 그러나 어떤 논리를 가지고 그러는 게 아니다. 너도 그리고 나도 생명이기에 그런 예를 다하여 자기 불편을 감수하는 것이다. 나의 생명만큼이나 중하게 타자의 생명을 들여놓은 것이다. 그것이 불편하고 귀찮아도 지상에서 잠시 얻어 사는 생명에게는 그것이 삶에 대한 예의라고,

지구라는 민박집 할머니께서 몸소 가르치시는 것이다.

벌레를 위해서 그렇게까지 하는가? 물을 수 있다. 그러나 생명의 그물에서 벌레가 하는 일을 생각한다면 생각이 달라질 것이다.

최성현 선생의 『바보 이반의 산 이야기』에 〈산은 누가 청소하는가?〉라는 소제목에 나온 말이다.

"실제로 죽은 동물이 생기면 수많은 곤충이 몰려든다. 산에서 개구리나 다람쥐, 혹은 새 따위의 시체를 만나면 밑에서 어떤 일이 벌어지는지 뒤집어 보라. 여러 종류의 곤충이, 혹은 한두 종류지만 여러 마리가 우글거리는 것이 눈에 띈다. 벌레들은 죽은 개구리에게서 자신의 생명을 유지하는 데 필요한 물건을 가져가기도 하고, 그 자리에서 먹어버리기도 한다. 땡전 한번 안 피우고 먹거나 어디론가 물어간다. 나중에는 뼈와 털까지 물어간다. 그 결과 어느 사이 개구리나 다람쥐 시체는 사라지고 없어진다. 하늘은 이와 같이 먹고 먹히는 행위를 통해 이 지구를 청소한다. 먹고 먹히는 이 먹이 연쇄가 잠시라도 끊기면 산과 들은 금방 온갖 생명의 시체 더미로 변해버릴 것이다. …인류는 이 세상에서 쓰레기를 만들어 내는 유일한 동물이다. 그것도 다른 생물이 먹을 수 없는 쓰레기를 만들어 내고 있다. 그 대표적인 것이 비닐이며 깡통이며 스티로폼이다. 지구의 입장에서 보면 인간은 말할 수 없는 골칫덩어리고, 다른 생물의 입장에서 보면 상종하기 어려운 몰상식자이자 파괴자다."(최성현 『바보 이반의 산 이야기』, 도솔, 2003)

　민박집 할머니가 이런 사실을 모르고도 '나'라는 생명을 미루어 보아 생명에 대한 예의를 갖췄다면 참으로 큰 영성이다. 그것을 삶으로 실천한다는 것은 더욱 그렇다.

　그래서 "천지의 버러지들이 그 말을/ 넙죽 받아먹는데/ 나도 한 입 달게 먹고/찌르륵 찌르륵 울던 밤이었다"가 되는 것이다. 그 말씀을 버러지들도 나도 받아먹고 "찌르륵 찌르륵" 울면서 생명의 그물에 하룻밤 묵고 가는 우리가 되는 것이다. 보통 속죄할 때는 자기가 잘못한 사람에게 찾아가 용서를 구할 때 속죄하라고 한다. "찌르륵 찌르륵 울던"이 바로 그 속죄이고, 그를 통해 온전히 우주적 마음을 찾는 것이다. 그래서 이 "찌르륵 찌르륵" 우는 소리야말로 이제부터 '나는 당신 안에서 숨 쉽니다'는 사랑 고백이다.

　나는 언제 "찌르륵 찌르륵" 울 수 있을까?

5장.

마음을 전환하라
서로가 필요한 서로의 관계로

1. 끝내 물 한 바가지 길어 올릴 수 없는 -박두규「당몰샘」

2. 보이지 않는다고 그대 없는 것 아니니 -김진경「뿌리」

3. 두드려도 끝내 떨어지지 않는 -윤재철「도토리농사」

4. 잘디 잔 것이 형형색색 각각인 -윤재철「인디오의 감자」

5. '나'만 생각하고 살아간다는 것은 -권석창「어느 신부님의 강론」

6. 둥그렇게 몸 부풀려 고요히 떠받들고 있는 것들 -조재도「그늘」

7. 튕겨 오를 수 있을 만큼의 휘어짐을 딛고 -안오일「관계」

끝내
물 한 바가지 길어 올릴 수 없는

만물이 연결된 관계 속에서 존재가
의미를 갖게 된다면, 우리의 관심이 관계로 가야 함은 당연
한 일이다.

하지만 우리 문화는 오랫동안 '나'라는 주체를 중요하게
생각했고 이 세상은 객체들로 이루어져 있다고 생각했다. 개
개의 합을 전체라고 본 것이다. 또한 전체의 움직임은 그 부
분들의 특성을 통해서 완전히 이해될 수 있다고 믿었다.

만약 기계라면 부분으로 나눌 수 있고 다시 합체할 수 있
으니, 그리 잘못된 생각은 아니다. 그래서 대상을 더 작은
부분으로 잘게 나누어 분석했다. 하지만 이런 방식이 기계에
는 맞을지 몰라도 생물 시스템에 적용함은 문제가 있다는

생각들이 제기된다.

실제로 하나의 유기체를 부분으로 분해하면 생명이 없어진다. 부분들의 특성도 사라지기 일쑤이다. 유기적 특성은 더 작은 부분들 사이의 상호작용이나 연관성에서 발생하기 때문이다. 그러니 전체를 하나의 유기체로 분리하여 고립된 요소로 나누면 그런 특성이 사라질 수밖에 없다.

프리쵸프 카프라는 "우리는 모든 시스템에서 그 개별 부분들을 식별할 수 있지만, 이 부분들은 고립된 것이 아니다. 그리고 전체의 성질은 항상 그 부분들의 단순 합과는 다르다" 말하면서 전체 안의 연결성, 연관성, 맥락을 중시한다. 개개의 대상을 큰 전체적 맥락 속에서 봐야 한다는 생각도 개진한다.

박두규 시인은 시 「당몰샘」 (『당몰샘』, 실천문학사, 2001)은 "물이 담아지지를 않는구나", "아이쿠, 담아지지를 않는구나", "아, 끝내 물 한 바가지를 퍼 올릴 수 없었다"고 같은 내용의 말을 세 번이나 반복한다. 그래서 "아이쿠, 담아지지를 않는구나" 하는 소리가 귓가에 쟁쟁한 시이다.

"아흔셋 허연 할머니는/ 푸르딩딩한 어린 상추를 한 소쿠리 씻더니/ 당몰샘 한 모금 훌쩍 마시고" 일어나서 저렇게 가시는데, 똑같은 그 바가지로 나는 당장 목을 축일 한 모금의 물도 퍼 올릴 수 없다.

당몰샘에 놓인 바가지는 너무나 오래 써서 물이 담기는 오목한 부분이 거의 밥을 푸는 주걱처럼 평평하게 되었거나 깨진 부분을 실로 얼기설기 꿰맸을 것이다. 그러니 바가지 자체만을 보면 결코 물을 퍼 담을 수 없다. 물을 뜨면 다 새어 버린다.

하지만 그것이 할머니의 손에서는 그런 상태인 채로 물을 풀 수 있는 기능을 다한다. 이유는, 바가지의 기능을 그 고유 요소에서 찾지 않고 그것을 바가지가 되게 하는 행위를 하기 때문이다.

여러분도 깨진 바가지로 물을 퍼 봤던 적이 있을 것이다. 어렵지만 바가지의 각도를 조절하여 잽싸한 손을 움직이면 조금은 담을 수 있다.

바로 그런 원리이다. '바가지의 고유한 요소'에 집착하는 것이 아니라 '바가지를 바가지가 되게 하는 관계'에 작용하는 것이다. 결국 바가지라는 '부분과 대상'에서 바가지가 되게 하는 '전체와 관계'로의 전환이다.

  생각의 전환은 신세대처럼 생각하라는 말이 아니다. 생각을 "대상에서 관계로"(from objects to relationship –프리초프 카프라) 옮기자는 말이다. 인간 관점의 생각에서 생명적 관계를 따르는 방식으로 바꿔보자는 것이다. 세계는 관계의 그물이고, 모든 존재는 그 자체로 과정적 존재이며, 의타기성적 존재이다. 그 역동성으로 인해서 깨진 바가지로도 물을 퍼 담을 수 있는 것이다. 그것이 관계의 일이다.

  이처럼 우리의 눈은 '관계'에 있어야 한다. 부분에 함몰되어서는 안 된다. 부분들의 특성은 본질적 특성이 아니다. 우리가 부분이라고 부르는 것은 단지 분리할 수 없는 관계의 직물 속에 나타난 하나의 패턴일 뿐이다.

보이지 않는다고 그대 없는 것 아니니

우주 삼라만상이 모두 조건에 의존해서 생겨나고 지속하고 소멸한다. 세계가 상호의존관계로 연결되어 있다는 말이다. 관계에 따라 변해가는 과정적 존재이기에 '있음(존재)'의 사유가 불가능하다. 우리가 존재라고 생각하는 순간에도 '관계에 의해' 변한다. 그러니 있는 그대로 대상을 볼 수 없는 것이다.

만물은 지금의 자기를 위해 외부를 받아들이고 내보내는 관계를 통해 살아간다. 그래서 존재는 관계적 자기이다. 헤아릴 수 없이 많은 자기 아닌 것을 받아들여 자기라는 순간을 유지하며 생성 소멸하는 존재이다. 그 관계가 눈에는 잘 보이지 않는다고 하더라도 현재는 지금 관계에 의해서만 '무엇'으로서의 그것이다.

김진경 시인의 시「뿌리」에서 똥은 똥일 뿐인데, "그게 흙의 습기와 바람과 햇볕과 섞이면" 거름이 된다. 연기적 관계가 변하면 똥은 똥이 아니라 식물들을 살리는 신(神)이 된다. 그 관계에서의 이름도 달라져 '거름'이다. 그리고 "온갖 것들의 뿌리에서 나는/ 그 축축하고 좀 맵기도 하고 구수한 냄새로" 된다. 놀라운 변화이다. 만약 똥이 똥이어서 똥으로만 있었다면 이 지구는 온갖 생명체의 똥으로 가득 찼을 것이다. 하지만 '똥'이 흙의 습기와 바람과 햇볕과 만나 '거름'이 되는 재생의 순환 관계로 하여 식물의 뿌리를 살리는 신이 된 것이다.

프리초프 카프라는 말한다.

"생태계의 피드백 루프는 영양분이 지속적으로 재생되는 경로이다. 열린 시스템으로서, 생태계 속의 모든 생물은 폐기물을 생산한다. 그러나 한 종에게 폐기물인 것이 다른 종에게는 먹이가 될 수도 있다. 따라서 전체로서의 생태계는 거의 아무런 폐기물도 남기지 않고 유지된다. 생물들로 이루어진 공동체는 수십억 년 동안 끊임없이 광물, 물, 공기의 동일한 분자들을 사용하고 재활용하는 방식으로 진화해 왔

다.”(『생명의 그물』. 범양사, 2022)

　이렇게 세상 것들은 선연(善緣)을 주고받으며 인연에 따르
는 관계 그물을 만든다. 흙에서 똥은 미생물들에 의해 분해
되어 생명 세상을 만들 거름이 된다. 그 기운이 식물의 뿌리
를 부르는 것이다. 그래서 “흙과 거름과 바람과 햇볕 속에는
/ 뿌리보다 먼저 뿌리 같은 게 살고 있는 게 아닐까?”라는
생각이 든다. 물론 이것은 눈에 보이지 않는 것을 말하는 것
이니 신비한 말일 수 있다.

　지구의 수십억 년의 역사가 그 보이지 않는 인연들이 얽
혀진 역사였다. 이 순간도 그것이 작동하여 새롭게 만들어지
고 있다. 그것이 의심할 수 없는 사실인데도 콩의 뿌리는 콩
에서만 나온다고 생각한다. 그래서 ‘더 강한 콩을 만들려면
어떻게 해야 할까?’를 생각한다. 콩의 입장에서는 이런저런
조건에서 제가 뿌리를 틔우는 것이다. 이러저러한 조건에 해
당하는 인연을 갖지 못하면 결코 콩은 뿌리를 내릴 수 없다.
그렇다면 콩은 콩만으로 콩이지 않다고 말할 수 있다. 콩의
근기와 동시에 그 뿌리가 부르는 ‘흙과 거름과 바람과 햇볕’
이 만든 기운이 필요하다.

그래서 시인은 말한다. "실뿌리들은 꼭 콩에서 오는 것도" "흙과 거름의 알갱이로부터 오는 것도 아닐 게다." 이는 콩과 흙이 동시에 이룬 것이라는 말이다. 콩이 거름흙을 부르고 거름흙이 콩을 불렀기에, 실뿌리가 생겨난 것이다.

하지만 이런 변화에는 자연적인 의지, 자기를 넘어서는 무언가의 의지가 있어야 한다. 그것을 시인은 "작은 무언가가 살고 있어" "조금씩 조금씩 흰 뿌리를 만들어 내는 것이리라" 말한다. "콩 속에 갇히는 것을 싫어하는" 무엇의 지향성이 구체적인 관계로 확정되고, 그 관계가 물질로 변하는 것이다. 이것이 서로가 서로에 대해 공진(共進)하면서 '실뿌리'라는 새로움을 낳는 것이다.

이때 무엇보다 중요한 것은, 관계를 맺고자 하는 의지일 것이다. 이것이 제 경계를 뚫고 새로움을 만드는 것이다. 이런 행위를 통칭하여 '사랑'이라고 부를 수 있다. 사랑은 자기를 깨뜨리면서 생명적 관계로 나아가는 행위이기 때문이다. 콩이 콩으로 갇히는 것이 싫어서 흙을 부르고, 거름흙이 거름흙에 갇히는 것이 싫어서 콩과의 생명적 관계를 만든다. 서로를 불러 사랑하는 것이다.

시인은 그런 관계적인 생명의 움직임을 "작은 영혼"이라고 명명한다. 관계를 하나의 생명 흐름으로 생각하는 것이다. 이전까지 우리가 보통 쓰던 영혼이라는 말은 '그것을 그것이 되게 하는 실체'였다. 하지만 이 시에서 그것은 '눈에 보이지 않는' 관계적 힘이다. 다시 말해 거름흙과 콩이 서로 연루되고 부르는 관계, 서로 나누어 가진 생명적 지향성이 '작은 영혼'이다. 그러니 관계가 없으면 영혼도 없다.

그런 생각을 낳는 체험을 시인은 "그래서 삽질을 하다 콩의 뿌리를 다치기라도 하면/ 콩보다 훨씬 중요한 무언가를 다치게 한 것처럼 가슴이 뛰는 게 아닐까?/ 그때 우리는 눈으로는 보지 못하지만/ 분명히 우리가 다치게 한 그 작은 영혼들을 보고 있음에 틀림없다."고 말한다.

관계에 대해 이 정도로 느끼고 이야기할 수 있다면 관계란 더 이상 추상적일 수 없다. 세상은 이런 관계로 존재한다. 우리는 관계라는 역사를 사는 존재이다. "눈으로는 보지 못하지만/ 분명히 우리가" 느끼고 알 수 있는 관계.

그래서 이제부터라도 존재가 아니라 관계를 중심으로 생각해 보자는 것이다. 인식을 전환하자는 것이다. 이런 전환이 있을 때 과정적 존재에 대한 옳은 이해가 생긴다.

두드려도 끝내 떨어지지 않는

우리의 삶이 생명의 그물로부터 온다면
우리는 그를 따라야 한다. 그것을 잘 알고 따를 때 편안하고 생산적인 삶이 된다. 실제로 생태적 조직원리에서 매우 중요한 항목도 협력(partnership)이다.

프리쵸프 카프라는
"생태계 내에서의 에너지와 자원의 순환적 교환은 모든 영역에 스며든 협동에 의해 뒷받침된다. 실제로 약 20억 년 전에 최초의 진핵세포가 탄생한 이래 지구상의 생물은 끊임없이 복잡한 협동과 공진화의 배열을 진행시켜 왔다. 협력 ─서로의 내부에서 살아가고, 관계를 맺고, 연결을 이루고, 협동하려는 경향─ 이야말로 생명을 가능하게 하는 하나의 보증인 것이다.……

경제학은 경쟁과 확장 그리고 지배를 강조한다. 반면 생태학은 협동과 보존 그리고 협력을 강조한다"고 말한다. 우리의 경험을 봐도 실제로 그간의 개발은 생명의 그물을 살찌게 하는 것이 아니라 파괴였다. "진보와 개발로 간주되는 파편화와 획일성의 범주는 '생명의 망(web of life)' 속의 관계들과 그 관계들의 구성 요소와 패턴의 다양성으로부터 나오는 생명력을 파괴한다." (『생명의 그물』, 범양사, 2022)

그렇다면 생명을 파괴하는 방식의 개발은 이제 끝내야 한다. 그리고 생명의 그물이 더욱 건강해지는 방향으로 기획되어야 한다. 이것이 '온생명을 의식하는 삶'이다. 이를 위해서 생명의 그물 내에 함께하는 것들과 파트너십을 모색해야 한다. 그것이 생명적 관계 맺기이다.

윤재철 시인의 시 「도토리 농사1」 (『세상에 새로 온 꽃』, 창작과비평사, 2004) 는 도토리 줍는 이야기다. 이 일도 만만찮은 법이 있고 그걸 따른다. 아줌마들이 툭툭 한마디씩 던지는 말이나 행위는 자연과 더불어 어떻게 살아가야 할지를 생각하게 한다.

엄지손톱만 한 도토리를 줍는다고 생각하면 벌써 짜증이

난다. 어떻게 일일이 그것을 줍나? 더 쉽게 줍는 방법은 없을까? 하지만 그녀들은 간단한 준비만 하고 산을 오른다. 아무리 봐도 비생산적인 일이지만 아줌마들은 예전에 했던 방식을 따른다. 그 믿음은 "어제 샅샅이 주운 자리에/ 또 어제만큼 떨어져 있는 도토리"에 근거한다. 허리 숙일 수 있는 만큼, 팔 뻗을 수 있는 만큼이다. 그것은 스스로 재생하는 자연의 일과 그 재생 주기에 맞춰 움직이는 방식이다. 수고로움이 함께 만든 파트너십 농법이다.

하지만 가부장적이고 남성 중심적인 욕심은 늘 이것을 위반한다. "해머 들고 도토리나무 두들기지만"의 형태가 그것이다. 이때의 도토리나무는 생명과는 관계없는 물질이고 대상일 뿐이다. 거기에서 이익만 내면 된다. 그러니 해머를 들고 두들겨 팰 수가 있는 것이다. 산에서의 도토리나무 삶과 의미, 그것과 연관된 우리 삶의 의미 등은 무시된다. 더불어 유기적이고 상호 의존적인 체계를 보존하고 돌보는 여성의 생산방식은 원시적이고 비생산적인 게 된다.

그러나 "오늘 많이 주우면/ 내일은 주울 것이" 없다. 아울러 그와 같은 노동은 초과 노동을 만들어 다음 날은 놀게 만든다. 결코 좋은 노동이라고 할 수 없다. 거기다가 다음에 떨어질 것은 "해머로 두들겨도" 떨어지지 않는다. 그것은 하늘이 하는 일이다. 사람이 힘을 써서 떨어지게 할 수 없다. 그 자체로 미련한 일이다. 또한 나무에 해를 가하는 일이니 나쁜 일이다.

우리는 하늘 농사 방식을 따라야 한다. 하늘(생명의 그물)의 마음을 읽고 따라야 한다. 생명의 그물은 넘치지도 않고 모자라지도 않는다. 도토리 농사는 하늘 농사이다. 하늘이 들판을 관장하기에 농사가 흉년일 때는 도토리는 풍년이 된다. 반대로 농사가 풍년이면 도토리를 흉년 들게 한다는 하늘 농사법을 믿는다. 참 든든한 믿음이다. 자연의 한 이름인 인간이 하늘을 따르는 길을 가게 하는 것이다.

이때의 인간은 주체이면서 동시에 "하늘 농사"의 객체이다. 자연을 대상화하고 지배하고 파괴하는 근대의 정신(일이 짜증 나면 해머를 들고 나무를 두들기는)과는 매우 다르다. 생명의 그물 속에 있는 것은 서로 관계를 맺고, 연결을 이루고, 협동하며 생명을 나누려는 마음과 몸으로 살아가야 한다.

이런 믿음직한 "하늘 농사"의 법을 노자는 『도덕경』 77장에서 "하늘의 도는 남는 것을 덜고 부족한 것을 보태주기 마련이다."(天之道, 損有餘而補不足. 천지도, 손유여이보부족.)이라 했다. '농사가 흉년이면 도토리 농사는 잘되고, 농사가 풍년이면 도토리 농사는 잘 안된다'에 닿아 있다. 그렇다면 "옛날부터 그렇게 믿으며/ 아침마다 산에 오른다"는 하늘 농법은 근대 정신에 의한 삶으로부터 방향 전환을 요구하는 말이다. "세상에는 모든 사람의 욕구를 만족시킬 만큼 충분한 양이 있지만, 소수의 탐욕을 채우기에는 충분하지 않다"(Mahatma Gandhi). 하지만 그 탐욕은 암세포와 같은 길이다.

삶은 자연과의 파트너십을 요구한다. 우리 삶의 방향이 경쟁, 확장, 지배에서 협동, 보전, 협력으로 옮길 것을 요구하는 것이다. 그래야만 건강한 생명의 그물과 그 안에서의 삶이 가능해지기 때문이다.

잘디 잔 것이
형형색색 각각인

          지구가 생명의 그물로 짜여 있다는 것은 존재자들이 생명이 흐르는 관계를 형성하여 협력하며 살아간다는 것이다. '태양-생물권-지구계'가 하나의 루프를 형성한다는 것이다. 수없이 다양한 생물종과 종 내에서도 다양한 특징을 갖는 조직들이 생태계 내부에서 수없이 복잡한 피드백 루프로 존재한다. 그래서 생명의 그물을 다르게 말하면 차이들의 연결망이다.

    프리쵸프 카프라도 다음처럼 말한다.
    "다양성(diversity)의 역할은 생태계 시스템의 연결망 구조와 밀접하게 연결된다. 다양한 생태계는 강한 회복력을 가질 것이다. 특정 생물종이 심각한 교란으로 파괴되었을 때, 그래서 그 연결망의 한 사이클이 끊어졌을 때도 다양성을 가진 생태계는 살아남아 스스로 재조직할 수 있다. 그 생태계의 연결망 속에 들어 있는 다른 사이클들이 최소한 부분적으로라도 파괴된 종의 기능을 수행할 것이기 때문이다. 다시 말하자면, 연결망이 더 복잡할수록 그리고 상호연결성이 더 복잡할수록 그 시스템의 복원력은 더 커질 것이다.……

생태계에서 연결망의 복잡성은 그 생물다양성의 결과이다. 따라서 다양한 생태학적 공동체는 회복력을 가진 공동체이다. 인간 공동체의 경우, 윤리적 문화적 차이도 이와 동일한 역할을 수행할 수 있다. 다양성은 여러 가지 서로 다른 관계, 동일한 문제에 대한 서로 다른 수많은 접근방식을 의미한다. 다양성을 가진 공동체는 회복력을 가진 공동체이며, 변화하는 상황에 적응할 수 있는 능력을 가진다.”(프리쵸프, 카프카 『생명의 그물』, 범양사, 2022)

너무 상식적인 말이기는 하지만 생명적 관계의 그물을 살아가는 우리는 무조건 다양성을 추구하려는 마음을 가져야 한다. 다양성은 건강한 생명 질서의 조건이다. 그 차이를 통한 일치를 이루어 내는 것이 생태적 공동체를 회복하는 일이다.

윤재철 시인의 시 「인디오 감자」 (『세상에 새로 온 꽃』, 창작과비평사, 2004)에서 하나의 씨앗은 그냥 '그것'의 씨앗이 아니다. 그 씨앗에는 그 생물종과 함께한 수없이 많은 생명이 관통한 삶이 있다. 그중에서도 인간의 삶과 문화와 역사가 있다.

위 시의 소재로 하는 씨감자도 깊은 산속으로 숨어 들어간 "잉카의 후예들/ 주식"으로서 삶과 문화와 역사가 들어 있는 씨앗이다. 또한 작고 작은데도 형형색색 "종자가 십여 종"이다. 그 까닭을 물었을 때 어떤 놈은 가뭄에 강하고 어떤 놈은 추위에 강해서 날씨가 아무리 변해도 망치는 법이 없다고 한다. 어떤 상황에서도 "먹을 것은 그래도 건질 수 있다"는 뜻이다. 이것이 종자의 의미와 다양성의 의미이다. 종자의 다양성을 생산하고 재생산하기 위한 인디오의 삶과 문화와 역사가 있는 것이다.

"생물다양성이란 각 요소가 다른 요소들과의 관계를 통해 자체의 특성과 가치를 얻는 상관적인 범주이다. 생물다양성은 생태적으로 그리고 문화적으로 새겨진다. 생명의 재생을 축하할 뿐만 아니라 종자선택과 번식의 미묘한 시험장을 제공해 주는 축제와 의례들에서 문화의 재생산과 보존을 통해 다양성이 재생산되고 보존된다."(마리아 미스. 반다나 시바 『에코페미니즘』.
창작과비평사, 2020)

하나의 씨앗은 그냥 씨앗이 아니라 그와 관계된 생명이 녹아 있는 씨앗이다. 인디오 감자 종자의 다양성은 그 삶의 지속가능성과 관련된 것일 수밖에 없다. 여기로부터 생물다양성은 그 사회의 삶과 관련될 수밖에 없음을 알게 된다.

하지만 우리의 문명은 돈이 되는 다수확 품종 쪽으로 가고 있다. 다양성에 의해 지속 가능한 건강성을 선택하지 않는다. 전일화(全 化)시켜 돈을 많이 버는 모델을 선택하는 것이다. 그것이 얼마나 파괴적인지를 인디오의 감자와 버무려 반다나 시바의 생각으로 정리하면 다음과 같다.

첫째, 인디오 씨감자 하나하나는 대우주를 축소한 소우주이다. 지구와 기후의 영향이 생산성으로 보존된 것이요. 하지만 다수확 품종은 모든 계절적 기후와 우주의 주기들과의 연관을 무시한 것이다. 그것을 무시했기 때문에 인공적인 댐과 집약적 관개(灌漑)가 필요한 것이다.

둘째, 똑같은 감자일지라도 기후와 계절적 주기가 다른 지

역에서 자란 것, 그리고 가뭄을 이겨낸 감자와 추위를 이겨
낸 감자는 그 영양이 다를 수밖에 없을 것이다. 그러니 종자
의 다양성과 영양의 균형은 상호 의존적이라 할 수 있다. 하
지만 다수확 품종의 단일경작은 그런 것을 보장할 수 없다.
영양 결핍과 불균형은 필연적이다.

  셋째, 비료에 의존한 다수확 품종은 토양을 황폐시킨다. 약
을 먹여 일을 시키고 그것을 생산성 높이는 기술로 생각한
다면 그것은 끔찍한 일이다. 종자와 식물의 다양성에 기반한
경작을 한다면, 토양의 황폐화를 막을 수 있는데도 그렇게
하지 않는다.

  그래서 장마와 가뭄 그리고 때아닌 추위가 와도 "망치는
법은 없"는 씨앗이란 인디오에게 신성한 것일 수밖에 없다.
삶을 유지할 수 있는 '하늘 농사'가 깃들어 있는 것이다. 그
러니 "전제적인 이 문명의 질주가/ 스스로도 전멸을 입에 올
리는 시대"에 우리가 선택할 길은 인디오의 "잘디잘은 것이
형형색색 제각각인/ 씨감자 속"이라는 시인의 말은 백번 옳
은 말이다.

"잘디잘은 것이 형형색색 제각각인/ 씨감자"를 상상한다. 그것들 속에 들어와 있을 생명의 그물망을 생각한다. 그래서 생명의 세계는 차이들의 다양한 만남이다. 그로 인한 새로운 것이 생겨나는 존재의 세계라는 인디오의 말씀을 마음에 새길 일이다.

'나'만 생각하며 살아간다는 것은

최성현 선생의 말이다.

"'나'란 것은 과연 무엇인가? 피부를 경계로 그 안을 나라고 해야 할까? 대개 그렇게 몸뚱어리를 나로 알고 살지만, 가만히 생각해 보면 문제는 그렇게 간단하지 않다. 보라. 나는 내 부모나 가족, 이웃이 없이는 존재할 수 없다. 쌀이나 배추가 없어도 살기 어렵다. 이렇게 생각을 밀고 나가 보면 '나'가 있기 위해서는 이 세상 모든 것이 필요하다는 게 분명해진다. 지구는 물론 우주가 있어야 내가 있을 수 있다."

(『바보 이반의 산 이야기』, 도솔, 2003)

이렇게 나 하나를 정의하기도 힘들 정도로 세상 만물은 서로에게 의지하여 존재한다. 그런 의지함이 사방팔방으로 뻗어 연결망을 형성한다. 그런 연결망 속의 하나인 존재자들은 다른 많은 것으로부터 생명을 받는다. 그리고 다시 다른 많은 것으로 생명을 흘려보내야 한다. 이 세상에 태어나는 순간 그렇게 살도록 이미 주어진 것이다.

그래서 생명의 그물 안에서 개체 생명은 이중적 성격을 지닌다고 한다.

"개체 생명들은 주어진 여건 아래서 스스로 생존에 대한 책임을 지게 되는 존재('생명의 개체화 전략'에 의해)이며, 이를 위해 이들은 이른바 본능의 형태로 개체 생명 자체를 보존하려는 일종의 생존 의지를 지니게 된다. 그러나 생존을 위한 모든 활동은 독립적으로 이루어지는 것이 아니라 보생명과의 관계를 통해서만 이루어지는 것이므로, 이를 위해 각각의 개체는 개체로서의 생존을 유지해 나감과 동시에 보생명과의 원만한 공존상태를 지속시켜 나가려 한다. 즉 개체 생명은 그 보생명과의 관계에서 개체 생존에 유리한 그 무엇을 얻어내려 함과 동시에 이와 공존 유지를 위한 생태적 배려도 함께 하는 이중적인 성격을 지니는 것이다. 즉 개체 생명은 생존 경쟁만 할 뿐 아니라 생존 협동을 함께하는 존재인 것이다.……

따라서 모든 개체들은 그 본능적 행위 성향 속에 개체 보존을 중시하는 개체중심적 성향과 함께 생태적 배려를 중시하는 생태중심적 성향을 갖게 된다."(장회익 『삶과 온생명』, 현암사, 2014)

그런데 지금까지 우리는 이런 생태적 관계를 소홀히 해왔다. 그래서 생겨난 병에 대해 권창석 시인은 시「어느 신부님의 강론」(『내가 뽑은 나의 시』, 책 만드는 집, 2015)에서 통렬한 반성을 한다.

"산다는 것은 주고받는 것"이라는 시인의 말은 지속적인 생존을 위해 우리의 신체 속에 기록된 지혜이다. 그냥 만들어 낸 말이 아니라 35억 년 세월이 모든 존재자의 몸에 유전 정보로 새겨진 말이다.

생명의 관계 그물에서의 이치는 간단하다. 받아먹고 또 주어야 한다. 주지 않을 때 받아먹은 것이 탈이 난다. 관계로 생명이 흘러가지 않기 때문이다. 이것이 상식적인 생명적 관계의 지혜이다. 그래서 생명의 그물에 살기 위해서는 이 상식으로 나를 조율해야 한다.

그것이 장회익 선생이 말하는 새로운 '나'이다.
"지금까지 흔히 '나'라고 인식되었던 한 개체 인간으로서의 자신은 불충분한 자아 인식이었음을 알 수 있다. 즉, 하나의 본원적 단위로서의 생명이 아니라 그 가운데 상대적 자율성과 독자성만을 지닌 존재로서 '나'라는 지위를 지니게 됨으로써 진정한 '나'를 이루기 위해 함께해야 할 보생명을 '나'의 개념으로부터 배제해왔던 것이다. 이제 다시 찾게 된 '나', 즉 개체로서의 내가 속해 있는 이 '온생명'은 지금으로부터 대략 35억 년 전에 출생했으며 이후 다양한 경험을 거치며 살아왔을 뿐만 아니라, 이 경험 가운데 중요한 요소들은 특히 유전 정보의 형태로 우리의 신체 속에 기록되어 우리의 지속적 생존을 위한 유용한 지혜가 되어 주고 있다."(장회익 『삶과 온생명』, 현암사, 2014)

그럼에도 우리는 이렇게 삶의 문화를 꾸려오지 않았다. 무한 경쟁을 마치 자연의 본성인 것처럼 말하며 약육강식에 집착했다. 시인의 말처럼 "먹이사슬 꼭대기에/ 공룡"이 되기 위해 살았다 "먹을 줄만 알고/ 먹힐 줄을 몰랐습니다". 암세포 같은 삶의 방식을 취한 것이다. 시인은 말한다. "다른 세포를 잡아먹으면서/ 다른 세포에 먹히지 않습니다" "그래서 공룡이 죽었습니다./ 암세포도 다른 세포가 다 죽으면/ 죽게 됩니다"라고.

그래서 신도 아니고 암도 아닌 우리는 받아야 하고 또 주어야 한다. 시인도 "산다는 것은 주고받는 것입니다./주기만 하면 신적인 존재고/ 받기만 하면 암적인 존재"라고 말한다. 이 나눔은 인간적 이해보다 생명의 그물에 온 순간부터 그렇게 해야 한다. 하지만 소유를 극대화하려는 사회체제는 소유적 욕망의 극대화로 치달아 공룡의 길 혹은 암세포의 길을 간다. 하지만 분명한 사실은 자연의 법 속에서 공룡도 암세포도 죽는다는 것이다. 생명의 길은 오직 "주고받는 것"과 "함께" 사는 것이라는 것을 잊지 말아야 한다.

둥그렇게 몸 부풀려 고요히 떠받들고 있는 것들

생명의 그물에서는 존재 그 자체가
나눔의 결과이다. 존재자는 무수한 상호 의존적 관계 속에서
자기를 갖기 때문이다. 관계를 통하여 존재할 수 있는 것이다.

법정 스님은 그 모범을 자연에서 본다.
"자연은 우리에게 많은 것을 아낌없이 무상으로 베풀어
주고 있다. 마치 어머니가 어린 자식에게 자신이 가진 모든
것을 아낌없이 베풀 듯이 우리에게 주고 있다. 맑은 공기와
시원한 바람, 따뜻한 논밭의 기름진 흙, 천연의 생수와 강
물, 침묵에 잠긴 고요, 별이 빛나는 밤하늘, 아름다운 꽃과
새소리 등 온종일 주어 헤아려도 모자랄 정도로 우리에게
많은 것을 거저 준다. 아무런 대가도 없이"(법정『산에는 꽃이 피네』,
문학의숲, 2009).

나눔으로 세상이 이어져 있어서 삶의 본질을 나눔이라고 한다.

"농부는 농사를 지어 음식을 생산하고 우리는 그 음식을 먹고 살아갑니다. 농부가 우리에게 음식을 보시하는 겁니다. 공장에서는 노동자들이 물건을 만들어 우리에게 보시합니다. 우리가 일해서 생산한 것은 우리의 소유가 아닙니다. 우리는 삶을 통해 서로서로 보시하고 있는 것입니다.

주고받는 보시의 관계는 인간 사이에만 있는 것이 아닙니다. 우리가 먹는 쌀과 과일은 풀과 나무가 우리에게 베푼 것입니다. 우리가 음식을 먹고 배설한 배설물은 나무나 풀에게 좋은 보시입니다. 나무는 우리의 배설물을 먹고 자라서 우리에게 열매를 보시하고, 우리는 그 열매를 먹고 살아가면서 나무가 먹을 배설물을 내놓습니다. 우리가 숨을 쉬는 것도 나무에로의 보시가 됩니다. 우리가 내쉬는 탄산가스는 나무가 받아들이고, 나무가 내놓는 산소는 우리가 받아들입니다. 산다는 것(生)은 서로 주고받는 것입니다." (이중표 『불교란 무엇인가』. 불광출판사. 2017)

이렇듯 우리는 소유 중심에서 나눔 중심으로 생각을 전환해야 한다. 준다는 생각도 없이 주고받는 것들이 진정한 나눔의 삶이다.

조재도 시인의 시 「그늘」 (『당신 가슴에 바람이 분다』, 작은 숲, 2016)은 그늘로 이어진 생명적 세상을 그렸다. 청개구리는 토란잎 그늘에, 붕어는 수초 밑 그늘, 사람은 정자나무 그늘. 우물은 갈증의 그늘에 기대어 산다. 만약 그늘이 사라지면 더 이상 이어짐이 없어진다. 이어짐이 없어지는 것은 그늘을 생기게 한 것도 사라지게 하기 때문이다. 그래서 그늘 농사라는 말이 떠오른다. 그늘을 만드는 것과 그 덕을 보는 것과의 관계가 일방적이지만은 않기 때문이다.

그것을 시인은 "뙤약볕에 제 몸 둥그렇게 부풀리고 있는 느티나무를/ 고요히 떠받들고 있는 그늘"이라고 말한다. 느티나무와 그 그늘의 관계는 상보적이다. 토란잎이 그늘을 펼칠 만한 곳이기에 청개구리가 살고, 청개구리가 살만한 곳이기에 토란도 잎을 펼치는 그런 관계이다. 그늘도 결코 놀고 있는 것이 아니다. 그늘로 들어온 한세상의 힘으로 느티나무를 "고요히 떠받들고 있는 그늘"이다. 열심히 일하고 있다. 이런 식으로 서로의 생명적 필요를 그늘로 품고 잇기에 "물방울 톰방톰방 떨어지는 우물은 갈증의 그늘"일 수밖에 없을 것이다.

자기 일을 잘하면 특별히 뭐를 한다는 생각 없다. 그래도 그 그늘로 저절로 생명적 관계가 생겨나서 한세상을 이룬다. 이 생각을 확대하면 이 세상은 그늘에 기대어 이어지고 이어진 세상이라고 할 수 있다.

그렇다면 이 세상 모든 것은 제 그늘로 생명적 관계를 이어가는 것이라 말할 수도 있다. 그래서 삶의 존재를 "그늘에 기대어 살아가는 것들/ 그늘에 앉아 쉬었다 가는 것들"로 정의한다. 그늘이 떠받든 것이 제 삶이기도 하다는 점에서 "쉰두 해 살아온 내 인생은/ 앞으로 살아갈 내 생의 그늘"이기도 하다.

이렇게 그늘로 이어진 연기적 세계와 그 삶이 완성된다. 그러니 내 그늘로 들어온 관계적 한세상이 충분히 살 수 있도록 '내 그늘을 풍성하게 하는 삶'이라는 생각도 가능해진다. 이것이 주고받는 관계로 이어지는 한 생명, 한세상이다. 중중무진(重重無盡) 이어져 한 생명의 삶이기에 나와 이웃 관계 사이로 생명이 흘러들고 흘러 나가야 한다. 이렇게 주고받는 것이 삶의 본질이다.

튕겨 오를 수 있을 만큼의
휘어짐을 딛고

생명의 그물은 서로가 서로에게
건강한 삶을 실어 나르는 연결망이다. 그렇게 35억 년 관계
의 그물이 만들어져 온 것이다. 그렇기에 우리는 늘 생명적
이익을 주고받는 협력 관계를 생각해야 한다. 물론 지금의
세상은 정글의 법칙으로 운영된다. 인간이야말로 이 생명의
그물에서 암세포에 해당한다고 염려의 말을 한다.

"모든 것의 원인이 인간이라는 생물종의 이상 번영 현상
이다. 신체 각 부위에 암세포가 번성하듯이, 인간이 온생명
의 각 부위를 점유하면서 비정상적인 번영을 누리고 있는
것이다. 여기서 가장 중요한 점은 인간이 온생명 안에서의
자신의 위상을 파악하지 못하고 스스로 번영하는 것으로 착

각하고 있다는 사실이다. 암세포라는 것은 외부에서 침입한 병원균이 아니다. 엄연히 신체에 속하는 자체 세포로서 오직 그 어떤 연유로 신체 안에서 자신의 위상을 망각함으로써 자신이 지닌 생존 기술을 무분별하게 활용하여 자신의 번영과 번식만을 꾀하는 세포들이다."(장회익 『온생명과 현대사회』, 현암사, 2014)

의식적으로라도 생명이 흐르는 관계를 생각해야 한다. 삼라만상이 서로 생명을 나누는 관계로 묶여 있다면 그 관계로 생명이 흘러가야 한다. 그때 가장 생기 넘치는 아름다운 존재가 된다. 가장 아름다운 생명의 세상이 펼쳐지는 것이다.

안오일 시인의 시「관계」(『화려한 반란』, 삶창, 2016)는 그런 생명의 관계를 잘 보여준다. 만약 새가 갈대에 앉았는데 그 무게로 갈대가 꺾이는 장면이 연출되었다면, 나비가 꽃에 앉았는데 꽃을 짓밟는 장면이 연출되었다면 어떨까? 아무리 생각 없는 사람이라도 그것을 아름다움이라고, 바람직한 관계라고 말하지 않을 것이다.

보아서 알겠지만, 새가 갈대에 앉을 때 절대 풀썩 주저앉지 않는다. 그렇게 앉았다면 갈대들이 남아나지 않았을 것이다. 갈대는 물론 새들도 상처를 입는다. 그리되면 갈대는 새를 믿을 수 없는 적대적인 대상으로 생각할 것이다.

그러나 생명적 관계에 의한 앉는 법은 다르다. 새는 계속 날갯짓을 하여 저항을 만들고 사뿐 앉는다. 앉아서도 팍 눌러앉지 않고 갈대가 힘들지 않도록 제자리 뛰기를 하듯 요리조리 방향을 틀고 자리를 바꾼다. 갈대가 최소한의 힘만 쓰게 한다. 시인은 "튕겨오를 수 있을 만큼의/ 휘어짐을 딛고"라고 말한다. 그로 하여 갈대도 꼭 필요한 근력을 키울 것이다. 그래서 시인이 말하는 "새의 무게만큼/ 굽어지는 생/ 순간 흔들리다가/ 탄력으로 다시 팽팽히 서는/ 갈대, 저 푸른 힘"이 가능하다.

이렇게 전혀 다른 종의 새와 갈대가 서로 필요한 관계로 삶을 나눈다. 겉보기에는 갈대밭 다 망쳐버릴 새 같지만 전혀 그렇지 않다. 이들의 대립은 서로를 부르는 대립이다. 관계로 이어진 이중성의 대립이고 서로 나누고 상생하는 관계이다. 그래서 '새-갈대'를 묶기도 하고 풀기도 하는 관계(이런 것이 생태적 지성의 연결망이다.)가 더 중요하게 된다. 이 관계야말로 강제로 혹은 인위적으로 만들거나 풀 수 없는 생태적 힘이기 때문이다. 그래서 '새'나 '갈대'라는 생명이 흐르는 관계 중심의 세계관이 열리는 것이다. 그 관계는 보이거나 만져지지 않기에 '그런 관계는 없다'고 우기면 막막해진다.

나비가 꽃에 앉을 때도 짓밟지 않는다. 길고 가는 다리로 조심스럽게 "여린 꽃잎 가장자리/ 사알짝" 앉는다. 고마움과 조심스러움, 아끼는 사랑의 본능적 몸짓이다. 비록 눈에 보이는 것은 아니지만 그 관계를 느끼기에 시인은 "상처를 염려하며 조심조심 내딛는/ 발가락의 힘이 눈부시다"고 한다.

나비 발가락의 힘을 "눈부시다"고 느끼지 못하는 것은 '합리적 주고받음으로서의 소유'에 붙들려 있기 때문이다. (요즘은 '합리적 소유관계'도 몽땅 '지배-피지배'로 말하고 있다). 그렇게 교환만을 보는 분은 결코 "저, 저것 좀 봐/ 꿀을 빠는 나비의 입을 따라/ 파르르 떨며 확확 달아오르는/ 꽃, 꽃잎들"을 볼 수 없다. '꿀을 빠는 동안 다리에 꽃가루가 묻어 다른 꽃으로 가면 자연스럽게 수정이 된다'는 지식만 본다.

아울러 그 관계를 통해 '생명-배려-사랑-건강'이 흐른다는 것도 느낄 수 없다. 그래서 "파르르 떨며 확확 달아오르는/ 꽃, 꽃잎들"이라는 시인의 표현을 '성(性)적이다' 정도로 생각하기 쉽다. 그것은 성적이면서도 생명의 관계 그물을 출렁이게 하는 생에너지의 활성화이다. 관계로 생명이 흘러가기에 그 전체가 꽃에 의해 표현되는 모습이다. 그들은 이미 생명의 관계로 묶여 있기에 자연스럽게 생이 나눠지고, 그것이 꽃의 생기로 눈부시다.

이런 관계로 서로를 낳고 기르는 생의 에너지가 흐르고 흘러야만 한다. 이익을 취하는 것이면서도 그것에게 이익을 주고, 이익을 넘어서 생을 나누고 생을 잇고, 그로 하여 눈부신 생명의 세상이 되게 하는 관계가 되는 것이다.

6장.
그대는 나에게 나는 그대에게
꼭 필요한

1. 그대와 다르기에 더 아름다워지는 -도종환 「숲」

2. 무엇도 버릴 것이 없는 너였기에
   -신경림 「자리 짜는 늙은이와 술 한 잔을 나누고」/ 이문복 「감자밭 서설」

3. 복사꽃처럼 환하게 피어나는
   -양정자 「복상꽃 같은 순이」 / 한영숙 「벚꽃축제」/ 조문경 「피가 지은 농사」

4. 바라보고 또 바라보면 그들먹하니 -이정록 「씨앗 파는 여자」

5. 당신을 곁하여 더욱 푸르러지는 -이시영 「아름다운 일치」

그대와 다르기에 더 아름다워지는

끊임없이 생성 변화하는 이 세계는
유기적인 하나이다. 생성의 그물은 자신의 필요에 따라 만물
을 낳았고, 그 모두를 살려 가는 방향으로 자기구속, 자기생
성, 자기영속 한다.

당장 인간의 눈에는 필요 없어 보여도 큰 차원에서는 필
요한 존재이다. 그 유기적 관계 안에 인간도 부분으로 속한
다. 한 식구, 하나의 친지 가족이다. 이것이 '나'나 인간을
넘어서는 우주의 엄연함이다. 그래서 그 식구들을 '좋다, 나
쁘다' 식으로 자기 필요에 따라 판단할 수 없다. 존재 모두
는 생성의 세계에 필요한 존재이고, 차이의 존재이고, 선험
적으로 연결된 존재라는 확고한 믿음이 필요하다.

도종환 시인의 시「숲」(『부드러운 직선』, 창작과비평사, 1998)은 설명하고 말 것도 없는 차이의 숲이다. "함께 모여 숲을 이룬다/작은 산 하나를 만든다"는 이미지를 우주로 확대해 보고, 마을로 축소해 보고, 한 집단으로 축소해 보고, 아주 작게 우리 몸으로 축소해 보자. 모든 경우에 각자이면서 유기적으로 하나를 이룬다. 그리고 거기에는 더 잘나고 못난 것이 없다. 모두 필요의 차이이고, 존재의 차이이다. 그 필요의 차이들이 서로를 나누며 '의지하고 사랑하여' 하나의 작은 산을 만들고 세계를 만들고 우주를 만든다. 여기저기 흩어져 있는 나무들이 위에서 아래로 모이면 하나의 세상이 되는 것이다.

"높은 산꼭대기에는 큰키나무가 적다. 있다고 해도 못 자라고 잔뜩 움츠리고 있다. 거기에는 대개 떨기나무나 작은키나무가 자란다. 춥고 바람이 많이 불기 때문이다. 산 중간부 아래로는 큰키나무가 울창하다. 높은 산일 경우에는 산 위아래의 기온이 적게는 4~5도, 많게는 5~6도 이상의 차이를 보인다. 아래는 이미 봄인데 위는 아직 겨울이다. …골짜기와 산마루는 차이가 더 분명하다."(최성현 『바보 이반의 산이야기』, 도솔, 2003)

이렇게 제가 살기 좋을 곳에 뿌리를 내리고 어울려 "함께 모여 숲을"이루는 것이다. 이것을 생명의 그물로 보면 모두는 필요해서 그 자리에서 그 몫의 삶으로 있는 것이다. 그렇게 차이들이 모여 전체가 된다. 시간 적으로 "젊은이 백발될 때까지 지켜본/ 고목이 있고 꽃봉오리 처음 열고/ 이 나무 저 나무 기웃거리는 진달래가 같이" 있다. 늙은이부터 이 세상에 새로 온 꽃까지 함께 있는 것이다.

시공간이 차이의 숲을 이룬다. 그리고 곧바로 그 차이에 의한 제 몫의 삶을 산다. 어떤 이는 나무의 몫에 대해 희생하는 마음을 읽는다. 넝쿨에서는 철없음을 읽기도 하겠지만, 그것들은 다만 서로의 몫이고 제 역할일 뿐이다. 그 몫으로 이 차이의 숲에 왔다. 차이의 숲 전체의 필요에 따라 나눠가진 역할이다. 그러니 쉽게 인간적 유비(類比) 관계로 가치화시켜 말해서는 안 된다. 서로의 일이고 기쁨일 뿐이다. 전체의 필요가 만들어 낸 차이로 있음이고, 차이의 역할일 뿐이다. "벼락을 대신 맞고 죽어간 나무가 있고/ 그 앞에 어린 순을 내미는 나무가 함께" 다양한 차이의 숲을 만드는 것이다.

이 숲은 '미/추'와 '선/악'의 개념은 넘어선 '하나의 숲'일

뿐이다. 내가 아무리 낙락장송을 좋아하더라도 혼자 이루어 내는 숲은 없다. 잣나무와 낙엽송이 돈이 된다고 그것만 심어서도 안 된다. 활엽수가 있으면 침엽수도 필요하다. 겨울 문전에서 잎이 다 떨어지는 나무가 있고, 겨울에도 꼿꼿하게 푸른 나무가 있어서 숲을 이룬다. 그리고 그 커다란 하나의 숲이 다시 그 필요에 따라 차이를 부르며 다양한 차이의 숲, 더 건강한 숲을 이루고자 한다.

이게 필요의 차이들이 이룬 한 세상의 모습이다. 그래서 전체를 마음속에 들여놓고 살아가는 지혜가 필요하다.

"오늘날 우리는 대부분의 생물이 생태학적 집단의 구성원일 뿐 아니라 그 자체가 복잡한 생태계이며, 그 속에는 상당한 폭의 자율성을 갖지만, 그보다 작은 무수한 유기체들이 전체라는 기능 속에서 조화롭게 통일되어 있음을 잘 알고 있다 ……수십억 년에 걸친 진화 작용 속에서 무수한 종이 이처럼 단단하게 짜인 집단을 형성했기 때문에, 전체로서의 체계는 마치 다중으로 창조된 거대한 생물과도 같다." (프리쵸프 카프라 『생명의 그물』, 범양사, 2022)

무엇도 버릴 것이 없는
너였기에

우리는 모두 필요의 존재다.
이것이 차이로 이어지고 이어진 '생성의 세계' 출입문에 적
힌 말이다. 그러니 이 출입문으로 들어온 모든 존재는 스스
로에게나 타자에게나 이에 따른 예의를 지켜야 한다. 너무
쉽게 미추(美醜)와 선악(善惡)의 대상으로 만들면 안 된다. 하나
의 차이는 그냥 생겨난 차이가 아니라 전체의 필요로 생겨
난 것이다. 그러니 그의 필요가 무엇일까? 느끼려는 태도가
필요하다. 그렇게 했는데도 도무지 모르겠다면 굽어볼 줄도
알아야 한다. 이해가 못 미치면 괄호로 두는 것도 필요한 것
이다.

관계의 그물로 이루어진 생성의 세계에서 버릴 것은 하나

도 없다. 모든 존재자는 불룩불룩 숨 쉬는 생성의 세계가 필요에 따라 만들어 낸 것이기 때문이다. 예를 들어, 소똥이 우리에겐 필요 없다. 하지만 소똥 옆 풀은 그 덕으로 쑥쑥 자란다. 쇠똥구리는 그것을 공처럼 굴려 먹이를 만든다. 만물은 이처럼 생명 그물의 필요로 흘려보내고 받아들이는 관계적 존재이다. 그래서 나의 필요를 기준으로 너무 쉽게 '필요 없는 존재'라고 말하면 안 된다. 그것의 구체적인 필요를 보도록 먼저 노력해야 한다.

신경림 시인도 시「자리 짜는 늙은이와 술 한 잔을 나누고」(『쓰러진 자의 꿈』, 창작과비평사, 1993)에서 이 세상에는 버릴 것이 없다고 말한다. 자리를 짤 때도 상중하(上中下)의 부들이 어울려야 제대로 된 자리가 된다. 다들 차이의 몫으로 쓰이기 때문이다. 여기에 세상의 이치가 들어 있다. 많은 경우 상질(上質)의 잘나고 미끈한 부들만 찾는다. 하지만 그것만 가지고는 반듯하고 쓰기 편안한 자리가 안 된다. 편안한 자리가 완성되기 위해서는 상중하가 다 필요하다. 그래서 전체("편안한 자리")로 볼 때는 상중하가 다 자기만의 가치를 갖는다. 자기의 역할을 하면서 하나가 되는 것이다.

상중하라는 가치도 ‘편안한 자리’를 짜기 위해 나누는 것일 뿐이다. 애당초 가치가 매겨져 있는 것이 아니다. 다시 말해 어울림 속에서 저마다의 가치가 생성되는 것이지 가치가 따로 존재하는 것이 아니다. 그래서 버릴 게 없다. 좋은 것만을 원하고 나머지는 쓸데없는 것이라고 말해서도 안 된다. 그 쓸 곳에서 가치는 나오는 것이지 원래 매겨져 있는 것이 아니다. 당장 쓸데없는 것도 다른 용도로 쓸 곳이 있다. 그러니 하나의 맥락에서의 가치를 전면화시키면 결코 안 된다.

생명의 그물은 쓸데없는 것을 만들 까닭이 없다. 쓸모가 없어졌다면 도태시켰을 것이다. 그래서 ‘저 쓸데없는 놈’이라는 말은 ‘필요를 볼 줄 모르는 멍청이다’는 고백이다. 그러나 이것이 머리로는 이해되는데 실천이 되지 않는다. 그래서 시인은 내 옹졸함이 하늘을 찌른다고 말한다. “잘나고 미끈한 부들만 가지고는/ 모양 반듯하고 쓰기 편한 자리가 안 되더란다”는 말을 알면서도 순간순간 차이를 견디지 못하는 “내 옹졸함”이 미워지는 것이다.

이문복 시인은 시 「감자밭 사설」(『사랑의 마키아벨리즘』, 작은 숲,

₂₀₁₄₎에서도 "참말루 조화 속이여/ 한 뿌럭지서 났넌디 워떤 놈은 열사흘 달뎅이 같구, 워떤 놈은 겨우 밤톨만"하다고 한다. 그런데 그것들이 다 각자의 용도에 따라 쓰임새가 있다. 감자탕에는 큰 것이. 조림 반찬용으로는 작은 것이, 쪄서 먹으려면 중간 것이 필요하다. 쓰임의 기준에서 크기의 차이가 생기지 나쁨의 기준이 아니다.

우리가 보통 말하는 상중하(上中下)는 '어떤 쓰임의 기준'에서 상중하일 뿐이다. 따라서 굵은 감자는 상품이고 자잘한 감자는 하품이라고 생각하면 안 된다. 그 쓰임에 따라 상중하가 달라질 수는 있지만 크기에 따라 정해지지는 않기 때문이다. 참으로 상식적인 생각이다. 그런데도 '굵은 감자가 좋다'는 생각은 고정관념처럼 뿌리를 내렸다. 그 방향에서만 생산을 생각했기 때문이다.

모두를 긍정하며 '그것'의 필요를 생각하는 것이 바른 태도이다. 다른 기준과 다른 필요를 생각할 수 없는 것은 그 자체로 다양성을 상실한 것이다. 관계적 사유가 바라는 것이 바로 우리 생명의 어미들처럼 "버릴 거 하나 읎당께 그려"의 태도를 갖는 것이다. 큰 것은 큰 것일 이유가 있고 작은 것은 작은 것일 이유가 있는 것이다. 좋고 나쁨이 따로 있는 것이 아니다. 큰 것은 큰 것대로, 작은 것은 작은 것대로 그 것의 가치가 있는 것이다. 그러니 우리 문명은 빨리 감자밭 사설(辭說)로 돌아와야 한다. '그것'의 필요를 보는 마음과 눈을 가져야 할 것이다.

우리는 늘 '모두는 필요의 존재'라는 말을 되새기며 살아야 한다.

니체도 같은 말을 한다.
"나는 사물에 있어 필연적인 것을 아름다운 것으로 보는 법을 더 배우고자 한다. ―그렇게 하여 사물을 아름답게 만드는 사람 중 하나가 될 것이다. 네 운명을 사랑하라 Amor fati ―이것이 지금부터 나의 사랑이 될 것이다. 나는 추한 것과 전쟁을 벌이지 않으련다. 나는 비난하지 않으련다. 나를 비난하는 자도 비난하지 않으련다. 눈길을 돌리는 것이 나의 유일한 부정이 될 것이다. 무엇보다 나는 언젠가 긍정하는 자가 될 것이다!" (프리드리히 니체, 『니체전집12, 유고』 〈즐거운 학문〉, 책세상, 2005)

복사꽃처럼 환하게 피어나는

사진사는 몸을 아끼지 않고 움직여
가장 좋은 위치를 잡아 사진을 찍는다. 대상을 볼 때도 마찬
가지이다. 그의 필요가 잘 안 보이면 잘 보이는 곳으로 이동
해서 보아야 한다. 필요의 맥락을 찾아서 보는 것이다. 차이
의 그물은 수없이 많은 맥락을 가지고 있다. 하나의 차이는
수없이 많은 차이의 그물이 만든 존재이다. 따라서 어떤 한
국면에서 '쓸데없는 놈'도 다른 맥락에서 보면 분명 다른 가
치로 존재한다. 존재하는 것들은 어떤 맥락에서 옳음과 그
름, 좋고 나쁨이 있을 수 있다.

이 세상 무엇도 한 맥락으로만 존재하지는 않는다. 수도
없이 많은 맥락, 수도 없이 많은 관계의 그물로 존재한다.
그래서 긍정할 수 있는 맥락을 찾아 그의 필요를 보아야 한

다. 어떤 시각에서 의미가 없지만, 다른 시각에서 보면 그것과 다른 의미로 존재한다. 따라서 긍정할 수 있는 맥락을 찾아서 보는 것이야말로 더 큰 생명의 그물로 옮아가는 일이다.

존재하는 것들을 볼 때 아래와 같은 마음을 가져보자.
1) 모두는 필요의 존재다.
2) 나에게 필요가 없을 때는 놔두고 기다리라
3) 다른 맥락에서 필요를 생각해 보라.

양정자 시인의 시 「복사꽃 같은 순이」(『아내 일기』, 화남출판사, 2004)에서 순이는 공부도 못하는 아이, 산만한 아이, 학비도 못 내는 아이이다. 이 사실만 보면 학생으로는 빵점이다. 하지만 다른 맥락으로 보면 "갸가 날 도우래 장거리에 나타나면/ 시장 골목이 그들막하니/ 복사꽃이 환히 피는 것"이 된다. 어려도 떡 장사하는 어머니를 도울 줄 아는 꼭 찬 아이이다.

그런데 이전의 선생님은 복순이를 어떻게 봤을까? 복순이는 모든 관계 속에서 살아 있는 학생이 아니라 대상으로만 있다. 그렇기에 외부적으로 관찰된 '장난 심한 아이, 공부도 못하는 아이, 산만한 아이, 학비도 못 내는 아이'정도의 표면적인 것이다. 선생님과 학생의 관계였지만 제대로 된 관계를 맺지 못한 것이다.

"이러한 상황에서는 다른 사람의 전체, 즉 그의 완전하고 참된 모습은 내게서 달아나 버린다. 그 사람을 여러 측면에서 기술한다 해도, 여전히 나는 그와 만날 수 없다. 내가 그에게 마음의 문을 열고 그에게 좋은 반응을 보여야, 즉 정확하게 말하면 그와 관계를 맺어야만 비로소 나 자신과 똑같은 인간으로 보게 된다. 다시 말해서 그를 본다는 것은 그들 안다는 것이기도 하다."(에릭 프롬『의혹과 행동』. 범우사. 1999)

그래서 사람 관계에서는 내적인 만남이 필요하다. 그것이 다른 맥락에서 본 어머니의 믿음이다. 그 어머니의 딸에 대한 믿음은 에릭 프롬의 용어로 하면 '중심과 중심의 만남'이다.

"인간에 관한 지식은 '그 사람과 우리 자신과의 관계의 과정에서만' 가능하다. 내가 알려고 하는 사람과 나 자신과의 관계 안에 들어갈 때에만, 즉 우리 자신과 다른 인간 존재와의 관계 과정에서만 '우리는 실제로' 서로에 관하여 무엇인가를 알 수 있는 것이다. 다른 사람에 관한 궁극적인 지식은 사상이나 언어로써는 표현될 수 없는 것이다.

그것은 여러분이 라인 포도주의 맛을 누군가에게 설명할 수 없는 것과 마찬가지다. 100년이라는 것은 설명할 수 있어도 라인 포도주를 마셔보는 일 이외에 그 맛을 설명하는 일은 결코 불가능할 것이다. 한 사람의 인격에 관한 설명과 한 사람의 인간 존재에 대한 설명은 결코 그 사람의 전체 개성을 다 드러낸 서술일 수는 없다. 그러나 여러분은 그를 감정이입(感情移入)의 행위에 의해, 충분한 체험의 행위에 의해, 사랑의 행위에 의해 알 수 있는 것이다."(에리프롬『불복종에 관하여』, 마농지, 2023)

시인은 "복사꽃 같은 행복한 미소가 한없이 번지고 있었다" 한다. 그것은 라인 포도주에 대한 지식 외에 '마셔본' 사람의 앎이다. 그것에 대한 앎은 감정까지 전염된다. 그래서 "그 후 내게도 복순이 얼굴이 전보다 더 예쁘게 보이기 시작했다"

다른 맥락을 찾는다는 것은 기술이나 기능의 문제가 아니다. 복순이의 엄마처럼 마음을 열고 중심과 중심이 만날 때 수없이 다른 맥락의 복순이를 볼 수 있다. 따라서 나에게 주어진 생각을 잠시 유보하고, 더 큰 틀(정해지지 않은 틀)에서 만나고 느끼고 생각할 수 있어야 한다. 그래야만 그의 필요가 보이는 맥락을 찾을 수 있고 긍정할 수 있게 되는 것이다.

만물은 관계의 그물이 자신의 필요에 의해서 생성한 존재이다. 만물의 입장에서 보면, 만물은 제 몫의 삶을 살려고 이 세상에 온 것이다. 그러니 만물의 본성은 살려는 것이고, 그 지성은 제 몫을 더 잘 살려는 것이다. 우리는 그것을 보려고 해야 한다.

한영숙 시인의 시 「벚꽃축제」에서도 "수업 중에는 아무짝에도 쓸모없는" 녀석들이 체육대회 때면 저들 세상으로 만들어 버린다. 체육대회가 계속되면서 쓸모의 관계가 역전이 된 것이다.

이렇게 쓸모라는 것은 맥락적이다. 그리고 우리의 삶은 수없이 많은 맥락이 얽히고설켜 이루어진다. 한 사회의 건강도 다양한 맥락에서 쓸모가 충족될 때 가능한 것이다. 그렇다면 사회에서의 쓸모를 준비하는 학교 또한 다양한 맥락의 쓸모를 기르는 곳이어야 한다.

하지만 지금의 학교는 위의 풍경처럼 하나의 맥락만 존재한다. 오직 공부만을 외친다. 그 맥락에서 체육대회 때 필요한 이들은 "짐짝" 취급을 당하기도 한다. 선생님 마음이 짠한 것은 바로 그들을 위한 시간이 일 년에 딱 한 번밖에 없다는 것이다. 그 마음 안다고 벚꽃들도 그날은 만국기처럼 휘날린다. 그들의 쓰임도 존중받는 학교를 꿈꾼다는 것은 건강한 사회를 꿈꾼다는 것이다.

그래서 한영숙 선생은 아이들에게 다음 인디언의 말씀처럼 간절한 마음을 가질 것이다.

"나는 모두가 가슴 안에 자기만의 교회를 갖고 있다고 믿는다. 당신도 자기만의 교회를 가슴 안에 갖고 있다. 당신이 그 교회를 따를 때 당신은 위대한 정령의 가르침에 따라 올바른 길을 걷고 있다. 당신이 세상의 교회를 다니지 않는다 해도 자기 가슴속의 교회를 잃지 않으면 된다. 그것이 우리 인디언이 가르침 받는 방식이다. 사람은 저마다 그 자신만의 모습을 갖고 있으며, 이 세상에 온 그만의 목적을 갖고 있다. 또한 저마다 그만의 모습, 그만의 목적을 발견하는 데 필요한 그 자신만의 길을 갖고 있다. 따라서 누구도 그 길을 방해해선 안 된다."(롤링 썬더/ 체로키족)

우리의 교육이 "그 자신만의 길을" 찾는 것을 방해한다면 교육은 그들이 자신의 길을 찾을 수 있는 방향으로 바뀌어야 할 것이다.

바라보고 또 바라보면
그들막하니

　　말썽꾸러기 아이는 그를 끝없이 믿는 어머니 눈에
"그들막하니"라는 후광을 낳는다. 사랑이 흐르는 생명의 관
계로 들어선 사람만이 가질 수 있는 감정이다. 그런데 많은
사람이 그런 눈을 갖지 못한다. 대상으로만 생각하고 외부적
으로 주어진 기준이나 자기 기준에서 그를 판단하기 때문이
다. 그래서 제대로 보는 관계 맺기가 필요하다. 이때 당장은
속 터져도 두고 볼 줄 알아야 한다. 지켜보는 시간이 필요한
것이다.

　　삶에 대한 사랑을 말하는 니체는 다음과 같은 주문을 한
다.
　　"삶에 대한, 자기 자신의 삶에 대한 사랑을 모든 방식을

동원하여 심을 것! 이를 위해 각자가 무엇을 생각해 내든지 다른 사람은 그것을 인정해야 하며, 그것을 위해 위대한 관용을 새롭게 배워야 할 것이다. 개인 각자가 정말로 자신의 삶에 대한 기쁨을 증폭시킨다면, 이것이 다른 사람의 취향에 맞지 않는 경우가 종종 있게 될 것이기 때문이다!"(『니체전집12. 유고』, 책세상, 2004)

다르게 살려고 이 세상에 왔다는 삶의 전제를 지키자는 말이다. 그 처음이 '존중하는 마음'이다. '존중하는 마음'으로 쉽게 판단하지 않고, 보고, 듣고 말해야 한다. 이런 마음가짐일 때 비로소 차이가 차이다워지고 사랑이 흐를 관계의 맥락이 보인다.

차이를 존중 하지 않는 소통은 애초부터 폭력이다. 차이의 필요를 보지 못하는 만남 또한 싸우려는 만남과 다를 바 없다. 이 세상은 버릴 것이 없는, 그래서 존재 그 자체로 긍정인 생명의 그물이다. 모두는 생명의 그물이 스스로 지어낸 지혜의 조각들이다. 그도 나도 그 안에 있다. 그러니 그가 건강하게 생명을 흘려보내고 들이는 존재임을 느낄 수 없다면 그것은 어쩌면 나의 문제일지도 모른다. 내가 사랑의 관계로 들어가지 못한 채 성급하게 판단해서 생겨나는 문제다.

그래서 정 모르겠으면 두고 볼 줄도 알아야 한다.

분명한 것은 모두가 제 몫으로 이 세상에 살러 왔다는 사실이다. 모든 차이를 긍정하는 믿음으로 '그들막한' 그의 아름다움을 볼 수 있는 사실을 상기하면 좋겠다.

이정록 시인의 시 「씨앗 파는 여자」(『가슴이 시리다』, 지식을 만드는 지식, 2012)에서 그녀는 씨앗을 파는 사람이다. 비유하자면, 한 지역의 들을 관장하는 분이다. 그 사실을 사람만 아는 것이 아니라 "근방 비둘기며 꿩이 다" 안다고 한다. 그녀가 그 지역 생명의 그물을 관장하지 않으면 자기들도 생명을 나눠 받지 못하기 때문이다. 그런 존재의 말씀이기에 마치 경(經)을 읊는 것 같다.

그녀에게는 골수에 박힌 인간관 하나가 있다. "쭉정이는 한 톨도 읎어유"이다. 적어도 그 종묘사에서는 쭉정이를 안 파는 신용을 말한다. 신용을 넘어 씨앗에는 쭉정이가 있을 수 없다는 믿음이다. 이유는, 씨앗이란 잘났던 못났던 제 몫을 받은 존재이기 때문이다.

이런 생명의 그물 대전제를 긍정하는 그녀가 말한다. "속 안 썩이는 자식이 있나유/ 그래두 그놈들 죄다 새끼 낳구/

낭중엔 눈물이 뭔지도 알더래니께유". 각 존재가 큰 틀에서 그의 윗대와 다르지 않은 역할의 삶을 산다는 것이다. 물론 윗대와 다르다. 다르기에 다름이 짓는 아픔도 있고 기쁨도 있다. 그게 걱정거리지만 그것이 우리네 삶과 크게 다르지 않다. 제 뜻대로 살다가도 때가 되면 새끼 낳고 나중에는 생의 이해처럼 눈물도 알게 된다.

  생명의 그물의 손은 얼마나 정교한지 다 다른 삶을 준다. 그렇게 많아도 같은 것이 하나도 없다. '차이의, 차이의, 차이의……'로 이어진 존재들이다. 차이가 그것의 존재 이유이므로 차이를 사는 것이다. 이 차이는 어떻게 해볼 도리 없는 차이이다. 그 차이가 세상에 온 이유이고 그 몫의 삶이다. 그러니 거기에다가 외부적 목적에 의한 잣대를 대는 것은 적당한 일이 아니다.

  인디언 할아버지는 다음처럼 말한다.
  "자연을 길들이려는 어떤 장치도 불가능하다. 그것은 인간 내면의 자연에 대해서도 마찬가지이다. 사람마다 느끼고 생각하는 게 있음에도 불구하고 인간 본연의 의식체계를 통제하려 든다면 그것은 비극이라 할 수 있다. 어떤 개인이나 집단이 그 사람의 본성과 존재 목적에 반해서 어떤 한 개인의 길을 결정짓거나 통제할 수는 없는 일이다. 처음에는 가능할 것처럼 보이나 결과는 비극적이다. 결국 모두가 두려워하고 위험스럽게 생각하는 길로 향해 갈 뿐이다……

자연은 고귀한 것이며, 인간 내면의 자연 역시 고귀하다. 자연은 언제나 존중되어야 한다. 모든 생명, 세상의 살아 있는 모든 존재는 존중되어야 한다. 이것만이 유일한 해답이다." _(롤링 썬더/ 체로키족)

때로 속을 썩여도 지켜볼 수 있는 데까지는 지켜봐야 한다. 원칙처럼 상대를 존중하며 간섭을 최대한 줄이자. 그것이 생명의 그물이 준 제 차이, 이 세상에 온 목적을 살도록 하는 유일한 길이다. 그것을 믿노라면 "그런디 이놈들, 씨앗 틔우고/ 한 가지 맴으로 골똘해지면/ 원하는 색깔루다 기차게 남실거리지유"의 삶이 된다.

아리랑 종묘사 여주인이 말한다.
그의 삶을 믿어라.
쉽게 간섭하려 들지 말라.
존중하라.

제 몫의 삶을 골똘하게 생각할 때까지 기다려라.

만물은 생명의 그물이 필요하여 만든 지성 그 자체일지도 모른다. 그것을 인간이 바꾸려다가 큰코다친 적이 한두 번이 아니다. 그것은 개체 생명 내에서도 마찬가지다. 인디언 할아버지의 말씀처럼 인위적인 개입은 오히려 꼬이게 할 뿐이다.

왕필도 다음처럼 말했다
천지는 스스로 그러함에 맡기니 인위나 조작이 없으며,
(天地任自然, 無爲無造, 천지임자연, 무위무조)
만물이 스스로 서로 다스리므로 천지는 어질지 않다.
(萬物自相治理, 故不仁也. 만물자상치리, 고불인야)
어질다는 것은 반드시 만들어 세우고 베풀어 교화하는
것이므로 은혜와 작위가 있게 마련이다.
(仁者必造立施化, 인자필조립시화), (有恩有爲 유은유위).
만들고 세우고 베풀고 교화하므로 사물이 그 참된 본래의
모습을 잃는다. (造立施化, 則物失其眞. 조립시화, 즉물실기진)

인디언 할아버지가 하신 말씀과 크게 다르지 않다.
1) 생명의 그물은 스스로 그러함에 맡긴다.

2) 만물은 관계적이어서 관계 속에서 스스로 서로 다스린다.

3) 아무리 좋은 뜻이라도 인간의 개입은 자연함을 거스르는 것이다.

4) 작위는 생명의 그물이 낸 그 대상의 참된 본래 모습(眞)을 잃게 한다.

그렇기에 스스로 그러하게 놔둬야 한다. 자연함의 질서는 모두가 저마다의 길을 가며 커다란 한 세상을 이루는 것이다. 그러니 우리 또한 섣불리 개입해서는 안 된다. 생명의 그물이 낸 자기만의 몫이라는 그 참된 본래의 모습으로 살아갈 수 있도록 인간의 짧은 시선을 거두어야 한다. 어쩌면 생명의 그물이라는 큰 차원에서 그것이 그것의 길을 가도록 놔두는 것이 '유일한' 해결책일지도 모른다.

당신과 곁하여 더욱 푸르러지는

　　　　　　인간이 사는 세계도 필요의 존재들이 서로 '의지하고 사랑하여' 한 세상을 이룬다. 물론 특수한 고립계 안에선 잘나고 못난 것이 나뉠 수 있을 것이다. 하지만 그것은 그 고립계를 벗어나면 의미가 없다. 달리기하는 그룹에서 달리기를 못하면 그 몫이 사라진다. 하지만 그곳을 벗어나면 그는 다른 필요의 존재이다.

　이 사회는 그런 고립계들이 수없이 많이 모여서 이루어진다. 따라서 어느 한 고립계의 가치를 전면화, 전체화하려는 것은 위험한 일이다. 물론 인간계(界)의 가치를 생명의 그물에 전면화시켜도 위험한 일이다. 그러므로 생명의 그물 속에서는 존재에 대한 확신이 필요하다. 그 필요를 이해하려고 노력하며 궁극에는 하나가 되려는 노력도 필요하다.

우리는 제 몫의 일을 하며 함께 이루어 가는 세상만 생각하자.

이시영 시인의 시 「아름다운 일치」(『조용한 푸른 하늘』, 책 만드는 집, 2015)는 제목 그대로 아름다운 일치를 보여준다. "한 그루는 찬미 예수를 구경하기 위해 창문 쪽으로" "한 그루는 비탈에 서서 꼿꼿이 / 한그루는 "하늘을 향해 찌를 듯이 서 있고 / 한 그루는 인간을 향해 납작 엎드려 온몸으로 환히 웃고 있는"데 어울려 "푸르른 나무둥치숲"을 이루고 있다.

각각을 보면 너무 다르다. 인간의 세계라면 서로를 향해 비난을 쏟아낼 수 있는 상황인데 함께 푸르른 나무 둥치 숲으로 하나를 이룬다. 차이이면서 어울려 아름다운 일치를 이룬다.

그래서 가슴속에 명료한 사회적 상상이 만들어진다. 어떤 외곬, 한 방향, 하나의 가치를 강요하지 않고 제 차이의 몫을 하며 하나의 숲을 이루는 세상이다. 방향이 다르다고 누구도 비난하거나 강제하지 않는다. 어울려 일치를 이루는 하나인 세상이다. 인간 세상이라면 이리 쏠리고 저리 쏠리며

어지러울 텐데, 아랑곳없이 각자의 모습으로 서서 각자의 삶을 사는 숲의 풍경.

이럴 때 생명의 그물이 낸 차이들은 함께 풍요를 이루는 차이이다. 그래서 이 세상에 차이로 온 모두는 제 차이의 몫을 나누는 아름다운 일치를 생각해야 한다. 나와 아주 가까운 사람도 실은 나와는 아주 다른 존재이다. 섭섭하게도 같은 점이라고는 하나도 없다. 조상과 부모, 성별, 산 곳, 좋아하는 것, 좋아하는 방식, 생각하는 것, 하다못해 손톱 모양 하나조차 같은 것이 없다.

이 차이는 생명의 그물이 필요해서 낸 차이이고, 그 필요를 찾아 관계를 맺고, 그 관계로 생명이 흐르게 하는 아름다운 일치를 추구해야 한다. 내 몫은 당신과 곁하여 아름다운 일치를 이룰 수 있는 의미의 몫이다. 서로는 서로에게 곁하여 아름다운 일치이다.

다음은 인디언들이 가졌던 일치의 기하학적 이미지인 원에 대한 것이다. 제각각으로 아름다운 일치의 세상을 꿈꾸는 분들과 꼭 함께 읽고 싶은 말이다.

"원에는 끝이 없다. 둥근 원에는 시간적인 요소가 전혀 없다. 사람들이 모여 원을 이룰 때, 그곳에는 우리 내부에서 비롯된 하나 됨의 영혼, 무언가 성스러움이 있다. 원은 우리가 원하기만 하면 사용할 수 있는 그 모든 창조의 힘들을 인정하는 것이다. 이 세상 모든 것은 그 '성스러운 고리'의 일부이며, 모든 것이 연결되어 있다. 그래서 이 원은 우주를 나타낸다. 이것은 서로 연결되어 있는 모든 피조물을 나타낸다……

하지만 이제는 모두가 자신만을 위해서 살고 있으며 적자생존의 원칙이 적용되고 있다. 그 '성스러운 고리'는 그동안 여러 번이나 깨뜨려 졌다. 사람들이 서로를 무시하고 지구를 무시하고 다른 생명체들을 무시했기 때문이다……

원은 우리를 더 가깝게 만들어 준다. 그것은 우리가 한데 섞이고, 서로 사랑하고, 서로 용서하고, 서로 인내하면서 함께 조화를 이룰 수 있는 장소이다. 우리가 그런 식으로 살 수만 있다면, 가장 큰 고리인 우리의 세상은 더 좋은 장소가 될 수 있을 것이다."(베어 하트 지음. 형선호 옮김 『인디언의 지혜』, 황금가지, 1999)

1장.

나눌수록 하나 되는
세상 속으로

1. 그렇게 흘러가는 것이 사랑이라면 –이성선 「매화」

2. 집착을 버린다면 결코 혼자이지 않은 –안도현 「공양」

3. 나 이곳 떠나 다른 세상 도착할 때 –김해자 「이웃들」

4. 눈 뜨고도 못 보고 놓쳐버린 –이동순 「개 두 마리」

5. 무한히 먹어 치우다가 결국 나까지 –이장근 「배고픔의 뒷면」

6. 겨울을 이기고 봄을 기다릴 줄 아는 –이응인 「나무는 나눈다」 / 김남주 「사랑1」

7. 경계를 허물고 속살을 나누는 –이명덕 「엄마의 거대한 손」

그렇게 흘러가는 것이
사랑이라면

세상에 존재하는 것들은 생명의 그물로 엮여있다. 모두가 생명을 받아들이고 흘려보내는 관계이다. 생명이란 서로 생명을 나눌 때 가장 생생하고 충만하다. 대부분 사람은 거기까지 생각하지 않는다. 그만큼 각박한 삶을 사는 것이기도 하고, 그만큼 반생태적인 삶을 살기 때문이다. 안타까운 일이다.

최성현 님의 다음 글이 이런 우리의 삶을 되돌아보게 한다.

"산은 우리의 어머니이며, 그곳에 사는 모든 생물은 우리의 형제이자 자매다. 그들을 하등생물이라고 말하지 말자. 그들은 학교와 사원을 짓지 않고도 남을 소중히 여길 줄 알고, 침묵할 줄 알며, 가만히 지켜볼 줄 알고, 변함없이 사물을 대할 줄 안다. 경전을 만들지 않고도 무소유를 실천하며 살아간다. 병원이 없어도 건강하게 살고 있다. 인간은 그들을 깔보며 거들떠보려고도 않는다. 그들의 도움으로 살아가면서도 그 사실을 아는지 모르는지 고마워할 줄도 모른다. 그러다가 『아낌없이 주는 나무』의 소년처럼 뭔가 필요하거나 지치고 병들었을 때야 그들을 찾아간다. 그리고 그들로부터 위로받는다. 비로소 그들의 말에 귀를 기울이고, 그들의 삶을 눈여겨본다."(최성현 『바보 이반의 산 이야기』, 도솔, 2003)

우리는 이미 현명한 친구들과 생명을 나누고 있다. 그것을 모른다는 것은 정신적으로나 문화적으로 참으로 빈곤한 삶을 사는 것이다. 또한 생명의 충만을 못 느끼고 살기에 더욱 피폐해지는 것이다.

이성선 시인의 시「매화」는 참으로 정교하게 '하늘-광목천왕-매화-세상일에 귀먹은 사람'으로 이어졌다. 관계의 그물이 출렁인다.

내소사에 매화가 핀 것이 그냥 봄이 와서 핀 것만은 아니다. 매화가 피기 위해서는 광목천왕의 마음 말씀 없이는 불

가능하다. 그 말씀은 큰 부처님 침묵의 윤허 없이는 불가능
하다. 모든 조건이 다 맞아 생명의 그물이 출렁할 때, 한 사
람의 눈 속으로 매화가 들어가는 것이다. 그러니 그 사람도
생명의 그물에 함께하는 존재이다.

이렇게 정교하게 생명의 그물이 출렁이기 위해서
첫째, 매화 피는 것이 "세상일에 귀먹은 사람"과 연결된
다. 물론 봄이 와서 꽃은 핀 것이고 내가 거기에 있어 그 꽃
을 본 것이다. 그러니 딱히 그 관계를 필연의 끈으로 묶기에
는 부담이다. 하지만 큰 인연으로 보면 꽃이 피는 시점에 내
가 거기에 있지 않으면 매화는 볼 수 없다. 그것은 때를 택
하여 가도 맞추기 힘들다. 더군다나 세상일에 귀먹어 찾아간
사람이다. 다른 꽃도 아닌 첫봄 매화를 만난다는 게 쉬운 일
은 아니니 서로의 인연이 그렇게 닿은 것이다.

둘째는 광목천왕이 매화와 세상일에 귀먹은 사람 사이를
중계한다. 그들이 꼭 연결되기를 바라는 지극한 마음을 시인
은 "광목천왕이// 꽃을/ 하늘의 제일 깊은 곳에 숨겼다가/
세상일에 귀먹은 사람이 오면/ 그의 눈 속에 몰래"넣어준다
고 표현한다. 이 시를 읽을 때마다 '도대체 첫봄 절 마당에

핀 매화가 얼마나 아름다우면 그 꽃을 하늘의 제일 깊은 곳에 숨겨두었다가 특별히 꺼낸 것이라고 했을까? 또 인간은 얼마나 귀한 존재이길래 광목천왕이 그렇게까지 하실까?'생각을 하곤 했다. 그저 우연이라고 해야 할 순간은 '가장 엄격한 우주적 필연의 손길'의 결과였다. 그것을 측량할 길 없어서 인간도 그냥 '우연'이라고 한다. 하지만 생명의 그물 전체에서 보면 한 치의 오차도 없는 필연이다.

셋째, 그 필연으로 사랑이 흘러간다. 아마도 신들의 세계에서는 "그의 눈 속에 몰래 넣어"주는 행위가 천기 누설죄 정도에 해당하는가 보다. 그러니 부처님 모르시게 넣어준다고 했을 것이다. 물론 부처님이니 그 사실을 모르실 까닭은 없다. "대웅전 문살에 가득 피어난 연꽃에 취해 큰 부처님은 그것을 못 보신다."했지만 '그렇게 사랑이 흘러가는 것이라면 그 마음 또한 내 마음 아니겠는가?'하는 긍정을 표현한 것이다.

이렇게 '하늘-광목천왕-매화-세상일에 귀먹은 사람의 눈'으로 이어지는 생명적 관계의 그물이 완성된다. 그 관계의 그물을 타고 생명이 생명으로 흘러 들어간다. 너무 넓고 깊게 묻혀 있어 보이지 않는 무연(無緣)의 연(緣)이 이어진 것이다. 지극히 섬세하고 필연적인 연결이다. 매화 한 송이 피는 일조차 생명의 그물 전체가 공진(共振)하는 일이다.

넷째, 그 사실을 안 "하늘 속 매화를/ 눈에 넣어간 사람은/ 몇 년 동안 침묵해야 한다" 왜? 그는 이미 거대한 생명의 그물 사랑을 받은 존재이기 때문이다. 그는 지독히 작은 부분이었지만 35억 년 생명의 그물을 느낀 사람이다. 인간사에 치어서 번민으로 스스로 귀먹는 일은 이 사랑에 비해 너무나 사소한 일이다. 그러니 이제 입을 닫고 그 충만함을 느껴야 한다.

생명의 그물은 사람을 생각한다. 그런데 이게 어디 사람뿐이겠는가? 세상 모든 존재자가 자기를 열어 세상을 들인다면 알 수 있는 사실이다. 이 세상 삼라만상은 생명의 그물 안에 이미 한 몸으로 있기 때문이다. 그리하여 오늘 하루 부딪힌 모두가 그 매화와 같이 나에게 온 것이라면 여러분은 어쩌시겠는가?

집착을 버린다면
결코 혼자이지 않은

생명적 관계는 생명에 필요한 것을 주고받기에 생겨난 관계이다. 그 속에 내가 있다.

"우리는 독자적으로 존재하는 것이 아니라 여러 인연에 의해 살고 있다. 이렇게 모든 삶은 개체적 존재로서 서로 대립하고 있는 것이 아니라 서로서로 인연이 되어 함께 살아가고 있다. 따라서 우리가 개체적인 자아에 대한 집착만 버린다면 우리의 세계는 인연으로 연결된 하나의 생명" (이중표 『불교란 무엇인가』, 종이기움, 2012)

"인디언은 아이들을 키울 때 자주 평원이나 살림 속에 나가 홀로 있는 시간을 갖도록 배려한다.……

목이 마를 때 물을 찾듯이 우리는 영혼의 갈증을 느낄 때면 평원이나 들판을 걸어 나간다. 그곳에서 혼자만의 시간을 갖는다. 그리고는 홀연히 깨닫는다. 혼자만의 시간이란 없다는 것을. 대지는 보이지 않는 혼(魂)으로 가득 차 있고, 부지런히 움직이는 곤충들과 명랑한 햇볕이 내는 소리들로 가득 차 있기에. 그 속에서 누구라도 혼자가 아니다. 자신이 아무리 혼자뿐이라고 주장해도 혼자인 사람은 아무도 없다."(운디드 하트/ 델라웨어족)

내 안에 세계가 들어와 있고 세계 안에 내가 있다. 흔한 말이지만 나 하나를 위해 이 우주가 필요하다. 그렇게 모두는 모두에게 생명을 나누며 존재한다. 그러니 생명의 그물이 퍼붓고 있는 사랑을 느끼지 못하는 것은 정말 불행한 삶이다. 만약 인간이 영성(靈性)을 말해야 한다면 그것은 이 생명의 그물을 느끼는 마음일 것이다. 우리는 이미 그 생명의 그물로 하여 주고받는 한 몸이다. 그래서 이미 큰사랑은 우리 안에 있다. 지금부터라도 자기를 열어 그 사랑을 느끼려고 노력하자. 우리는 결코 혼자가 아니다.

안도현 시인의 시 「공양」(『간절하게 참 철없이』, 창작과비평사, 2008)에서처럼 우리는 세상의 공양을 받아서 존재한다. 산을 산이게 하는 꽃들과 풀벌레와 나무들과 바람과 햇빛…… 이것들이 없으면 그 산은 죽은 산이고 우리도 살 수 없는 산이다. 그 인연의 고리들이 중중무진으로 내 안으로 들어와 더불어 한 생명으로 살아가는 것이다. 나 잘나서 사는 것이 아니라 세상의 많은 공양으로 사는 것이다.

그러므로 싸리꽃, 그것을 애무하는 벌의 날갯짓, 칡꽃 향기, 백도라지 줄기의 미동(微動), 양철 지붕 두드리는 소낙비, 매미 울음소리가 나와 더불어 세상을 있게 하는 것이다. 그것이 관계의 세상을 있게 하는 공양이다. 그 공양으로 하여 중중무진한 관계로 생명이 흘러간다.

그걸 깨닫는 순간, 선연(善緣)의 나눔을 생각하게 된다. 그 나눔 속에서 우리의 삶이 풍요로워 짐을 느낄 수 있다면 그대도 세상에 공양을 할 수 있는 존재임이 틀림없다.

나 이곳 떠나
다른 세상 도착할 때

세계는 모든 존재가 주고받는 나눔의 관계이다.

"생존을 위한 모든 활동은 독립적으로 이루어지는 것이 아니라 보생명(補生命)과의 관계를 통해서만 이루어지는 것이므로, 이를 위해 각각의 개체는 개체로서의 생존을 유지해 나감과 동시에 보생명과의 원만한 공존상태를 지속시켜 나가려 한다. 즉 개체생명은 그 보생명과의 관계에서 개체 생존에 유리한 그 무엇을 얻어내려 함과 동시에 이와 공존 유지를 위한 생태적 배려도 함께 하는 이중적인 성격을 지니는 것이다. 즉 개체 생명은 생존 경쟁만 할 뿐 아니라 생존 협동을 함께 하는 존재인 것이다."(장회익 『삶과 온생명』, 현암사, 2014)

이런 관계 때문에 자리이타(自利利他)라는 성격이 생겼다.

"(관계의) 어느 쪽이든 서로를 위해 무언가 이득을 제공해 준다는 점에서 이타적이지만, 자신의 생존을 위한 것이라는 점에서 이기적이다. '자리이타(自利利他)', 심지어 서로 먹고 먹히는 적대관계 속에서 만난 것들조차 하나의 공생체로 만들어 주며, 서로 기대어 사는 공동체로 묶어주는 것이다. 어떤 인연에 의해 만났든, 그것의 존재를 나를 위한 것으로 만들고, 나의 존재 또한 그를 위한 것으로 만드는 것, 그것이 공동체인 중생이 살아가는 원리다." (이진경 『불교를 철학하다』 휴. 2022)

김해자 시인의 시 「이웃들」(〈해피랜드〉, 아시아, 2020)에서 농촌에 살러 들어갔던 시인은 한 달여 병원 신세를 지고 돌아온다. 그런데 생각지도 않았던 이웃들이 그녀의 빈자리를 채워주고 있었다. 시인은 이웃들과 이미 자리이타적(自利利他的) 관계로 이어져 있었다.

생뚱맞게 여자 혼자 살겠다고 마을에 들어왔을 때 이웃들의 반응은 낯설고 불편했을 것이다. 살아보겠다고 용쓰는 게 안쓰러웠을 거다. 그러면서 시인도 이웃들도 인연으로 다가

온 것을 그대로 긍정했을 것이다. 기쁘게 공생하는 지혜를 나누었을 것이다. 그래서 서로 나눔의 관계가 된다. 그 나눔을 통해 이웃 관계 속에서 자기 몫이 생기는 것이다.

그런 자리가 한 달여 비었다. 그런데 그 한 달여 동안 그냥 비어 있었던 게 아니다. 주인은 아니지만 그녀의 빈자리를 이웃 관계들이 조금씩 나누어 채워주었다. "우덜이 다 뽑아 김치 담았다고 얼까 봐/ 남은 무는 항아리 속에 넣었다고// 가리키는 손길 따라 평상을 살펴보니, 알타리 김치통 옆에 늙은 호박들 펑퍼짐하게 서로 기대어 앉아있고, 항아리 속엔 희푸른 무가 가득, 키 낮은 줄엔 무청이 나란히 매달려 있다." 함께 살아가는 이웃들이 빈자리를 조금씩 채워준 것이다.

그런 나눔의 삶이었기에 그녀가 도착하자 "우리 집 마당이 금세 방앗간이" 된다. 이념적이어서 그런 것이 아니다. 삶의 본능 같은 자리이타의 나눔이 작동한 것이다. "이웃들 손길 닿은 자리마다 흥성스러운 지금"이 된 것이다.

그래서 생각하게 된다. "나 이곳 떠나/다른 세상 도착할 때도/ 지금은 잊어버린,/먹고사느라 잊고 사는, 옛날 내 이웃들 맨발로 뛰쳐나와/아고 내 새끼 할 것 같다 울 엄마처럼 덥석 안고"고생 많았다 등 두드려 줄 것 같다. 이웃 관계에 의한 내 몫의 자리이타적(自利利他的) 관계가 주어진 것이다. 그것은 지금의 풍경과 크게 다를 것이 없을 것이라고.

이처럼 이 세상은 자리이타의 방식으로 서로가 기대어 살며, 서로에게 무언가를 주고받으며 공생하는 삶을 이어간다.

눈 뜨고도 못 보고 놓쳐버린

프리쵸프 카프라도 생태적 조직원리의 핵심을
'협력(partnership)'으로 꼽는다.

"생태계 내에서의 에너지와 자원의 순환적 교환은 모든 영역에 스며든 협동에 의해 뒷받침된다. 실제로 약 20억 년 전에 최초의 진핵세포가 탄생한 이래 지구상의 생물은 끊임없이 복잡한 협동과 공진화의 배열을 진행시켜 왔다. 협력 (서로의 내부에서 살아가고, 관계를 맺고, 연결을 이루고, 협동하려는 경향)이야 말로 생명을 가능하게 하는 하나의 보증인 것이다.……경제학은 경쟁과 확장 그리고 지배를 강조한다. 반면 생태학은 협동과 보존 그리고 협력을 강조한다."

이런 협동, 보존, 협력의 공동체적 삶을 방해하는 것이 욕탐하는 마음이다.

"인연으로 다가오는 것을 그대로 긍정한다는 것은 결코 쉽지 않다. 달려들고 소유하려 하며, 도망치거나 밀쳐내려 한다. 좋아하는 것을 끌어당겨 내 것으로 가지려는 마음(탐심. 貪心)과 싫어하는 것을 저 멀리 밀쳐내거나 제거하려는 마음(진심. 嗔心)은 외부에 기대면서도 내부를 보호하려는 이런 사태에 기인한다. 생명의 지속에 필요한 것을 넘어서 과하게 가지려 하고, 과하게 밀쳐내려 한다. 그로 인해 중생들은 오지 않은 것을 얻기 위해 치달리고, 갖고 있는 것을 놓치지 않으려 집착하며, 가버린 것을 붙잡으려 애쓰고, 바로 옆에 있는 것을 피하려 하며, 피할 수 없이 다가온 것을 밀쳐내려 버둥거린다."(이진경『불교를 철학하다』휴, 2022)

이 한가운데 욕심이 있는 것이다.

이동순 시인의 시「개 두 마리」(『봄의 설법』, 창작과비평사, 1995)는 정말 어이없는 장면을 그렸다. 개에게 과자 하나씩을 주었더니 서로 눈치만 보느라고 먹지를 못한다. 반나절이 지나도록 자기 앞의 과자를 지키느라 침만 질질 흘리고 있다. 과자 하나에 붙들려 버린 것이다. 일 년을 암놈 수놈으로 한집에서 살았는데도 과자 하나가 마음속에 들어와 다른 생각들, 지난 일 년 동안 쌓아온 정을 모조리 쫓아버린 것이다. 결국 과자 하나가 마음에 가득 찬 것이다. 그것이 다른 동작으로 옮겨 갈 수 없게 한다.

그러니 이런 상태를 푸는 방법은 딱 하나밖에 없다. 소유의 정의를 말하는 것도 좋고, 나눔을 말하는 것도 좋지만 일단 "가서 과자를 멀리 던져버림으로써/ 그 팽팽한 긴장을" 깨뜨려 버리는 것이다. 욕탐의 대상을 없애버리는 것이다. 그때 비로소 "하늘도 보고/ 또 서로 핥아주기도" 하는 본래의 삶으로 돌아온다. 비로소 제대로 된 마음이 활동하게 된 것이다.

오십보백보로 우리 또한 그렇게 살아간다. 어쩌면 이 개 두 마리는 인간의 경우보다 순진한 것일지도 모른다. 인간의 경우라면 과자를 멀리 던져버려도 그 팽팽한 긴장은 끝나지 않았을 것이다. 그때부터는 서로를 탓하는 다른 싸움이 됐을 것이다.

그래서 간디(Mahatma Gandhi)도 "세상에는 모든 사람의 욕구를 만족시킬 만큼 충분한 양이 있지만, 소수의 탐욕을 채우기에는 충분하지 않다"고 했을 것이다.

무한히 먹어 치우다가 결국
나까지

　　　　　　　모든 존재는 상호 의존적 관계로
필요를 주고받으며 공생한다. 그런데 이렇게 말하면 많은 분
들이 '먹이사슬'의 예를 들며 낭만적인 생각이라고 말한다.

　이진경 님도 이 문제를 걱정스럽게 생각한다.
　"그러나 불행히도 이것이 사태의 전부는 아니다. 생태계가
그렇듯이, 서로 기대어 산다 함이 호의적인 관계 속에 사는
것만은 아니다. 그 순환계는 '먹이사슬'이라 불리는 먹고 먹
히는 관계의 연쇄이다. 초식동물은 풀이나 열매를 먹고, 육
식동물은 초식동물을 먹고, 그 육식동물을 다시 인간 같은
다른 동물이 먹고, 그것들은 죽어 미생물에게 먹히며, 미생
물은 다시 식물을 키우는 영양소가 되는 식의 순환적 연쇄
다. 이타적인 것조차 이기적인 것이다. 두 박테리아의 공생

도 사실 이기적인 기원에서, 먹고 먹히는 적대관계에서 시작되지 않았던가. 농사를 짓는 사람조차 자신이 필요로 하는 작물을 좀 더 많이 얻기 위해 '잡초'라 불리는 식물들을 반복하여 제거한다. 소를 키우는 목장을 만들기 위해 미국인들은 수많은 들소를 학살했고, 결국 멸종시켰다."(이진경 『불교를 철학하다』, 휴, 2016)

생태계에서의 먹이사슬은 먹고 먹히는 관계이긴 하지만 자연계 안에서 비교적 안정된 순환계를 이룬다. 문제는 그런 안정성을 인간의 욕심이 파괴한다는 것이다. 그래서 이진경 님은 '공동의 삶을 만들어 가는 지혜'를 요청한다. 어쩌면 그런 지혜에는 안정된 먹이사슬이 가지고 있는 지혜도 큰 부분을 차지할 것이다. 그런 지혜는 어떤 것일까?

이장근 시인의 시 「배고픔의 뒷면」 (『권투』, 삶이 보이는 창, 2011)은 동물 세계에 관한 이야기이다.

동물의 세계는 닫힌 본능체계의 사회이다. 이 세계에는 중요한 두 개의 자연법이 작동한다.
첫째가 "약자 보호 시스템"이다.
닫힌 본능체계의 가장 중요한 특징은 배부르면 사냥하지

않는다. 배가 고플 때만 하위 먹이사슬로부터 먹이를 구한다. 이것이 그 자연함의 법이다. 상위 포식자가 배부르면, 그 "배부름이 살려놓은/ 약자들이 약자를 낳고 기르는" 삶의 방식이 만들어진다고 시인은 말한다. 시인이 보기에 그것이 "약자보호 시스템"이다. 비록 배고픔으로 하여 목숨을 걸고 사냥하는 모습이 잔인하기는 하지만 "배부르면 사냥하지 않는" 체계이다.

그에 비하면 인간의 문명은 지독히 반자연적이고 반동물적이다. "저축에 투자"하기 때문이다. "배부름이 배고픔을" 앞질러 가상의 배고픔을 불러들여 그에 투자하기 때문이다. 거기다가 자기 증식의 이해만 좇는 자본에서는 '돈은 잠들지 않는다'가 경구처럼 활동한다. 그렇기에 동물의 세계가 "얼굴이 피범벅이 되어/ 약자를 뜯어 먹는 장면이/ 잔인하게 묘사"되기는 하지만 이는 잔인 축에도 들지 못하는 것이다. 배부르면 더 이상 사냥을 하지 않기 때문이다.

두 번째가 "강자 퇴출 시스템"이다.
닫힌 본능체계의 사회에서 중요한 또 하나의 특징은 "약자의 수를 초과할 수 없는/ 강자의 개체 수"라는 것이다. 예를 들어 순록과 이리의 관계에서 이리는 포식자이다. 순록이 많아지면 먹잇감이 풍부하여 이리의 개체 수도 불어난다. 하지만 이리의 개체 수가 불어나면 먹잇감이 모자라 이리의 개체 수도 자동으로 줄어들 수밖에 없다. 무한히 먹으면 결국 자기를 먹어 치우는 것이 되는 것이다. 그래서 강자와 약자 사이에 자동조절 시스템이 만들어진다. 시인은 그것을 "강자퇴출 시스템"이라고 부른다.

인간의 문명은 '잉여-배부름'을 추구한다. 자본은 자기 이익 증식만으로 살 수 있다. 그래서 돈만 잠들지 않는 것이 아니라 그에 봉사하는 인간도 잠들지 못한다. 실제로 초국적 자본이 지구를 떠돌면서 하는 일이 무엇인가를 생각해 본다면 "약육강식의 세계/ 동물의 왕국"은 더없이 순박한 세계이다.

인간사회는 건강한 자연계가 가지고 있는 "약자 보호 시스템"과 "강자 퇴출 시스템"의 브레이크가 고장 났다. 그래서 인간의 욕심도 점점 커져 온 것이다. 노자(老子)식으로 말하면 '가지고서도 채우려는 것 [지이영지(持而盈之)-『도덕경』 9장]'이다.

그렇다면 이런 욕심을 막는 방법은 자연이 가지고 있는 두 가지 제동장치를 관계적으로 회복하는 것이다. 물론 인간은 인간이기에 자연적 본능으로 회귀할 수는 없다. 하지만 그침[지(止)]의 때를 알아 멈출 줄 알아야 할 것이다.

겨울을 이기고
봄을 기다릴 줄 아는

생명적 관계로 이어진 존재는
그 자체가 생명이 흘러 나가고 들어오도록 설계되어 있다.
그리고 자리이타(自利利他)로 작동한다. 그 관계의 다른 표현이
'나눔'이다. 생명을 받아들이고 나를 나누어 주는 것이다.
그러기에 나에게 생명이 흘러들고 나가는 나눔의 끈을 든든
히 하는 것이, 가장 건강하게 사는 것이다.

이기상 님은 말한다.
"존재 중심의 사고방식의 성격이 소유, 점령, 자기 고집,
지배 등이라면 무(無) 중심의 살림살이는 한마디로 비움이다.
인간은 자기를 비울 때 비로소 하늘과 땅 사이, 때 사이, 빔
사이, 사람 사이의 사이 존재의 구실을 제대로 수행하며 '사

이 나눔'으로 살게 될 것이다."

　이웅인 시인의 시 「나무는 나눈다」(『어릴 꽃다지를 위하여』, 신생, 2006)는 전나무를 보며 쓴 시인의 성찰이다.

　시인은 창틀에 들어앉은 전나무를 본다. 그 자체로 하나의 그림틀에 들어온 전나무이다. 그 그림틀의 전나무는 굵은 것으로부터 가는 세선(細線)의 바늘잎 하나까지 더 나누고 나눈다. 그 그림의 제목이 '나눔'인 셈이다. 시인의 말처럼 자기의 나눔으로 하여 "하늘에서 그 신호를 읽은 새들이/ 전나무 정거장에 들어 잠시 쉬거나/ 아예 거기다 제 생을 엮기도" 한다. 그렇게 나누지 않았으면 전나무 덩어리는 새를 받아들일 수 없다. 새들도 날아올 생각을 하지 않을 것이다. 나누었기에 자리이타의 관계가 열린다.

　그래서 시인은 생각한다. "땅속에서 여름을 꺼내 온 말매미한테/ 든든한 저 기둥은 무엇일까?/ 봇짐을 진 개미한테, 뭇벌레들한테/ 끝없이 나뉘어지는 전나무의 몸은/ 얼마나 큰 우주일까?"

나눌 수 있을 때 '들어오고 나가는 관계'가 열린다. 관계의 세계는 오직 나눔, 자리이타의 공동체이다. 수없이 많은 인연의 들고남으로 부분이 전체가 될 수 있고('전나무 하나를 위해 우주가 필요했다'는 식으로) 전체가 부분이 될 수 있는 것이다. 정말 그렇다는 듯 "저 직박구리 소리가/ 푸른 바람 한 오라기가/ 나뉘고 나뉜 전나무에서 왔다"고 말한다. 그래서 내가 너에게로 그리고 네가 나에게로 흘러가고 흘러온다. 그렇게 하나를 이루는 아름다운 관계의 세상이다.

지금 "학예대회 나온 중학교 아이들/ 나무에 대한 글을 쓰고" 있는 것도 바로 그런 나눔의 세상인 까닭이다. 가만히 보면 아무리 작은 장면이라도 다 나눔으로 존재한다. 이 세상은 그 자체로 "나뉘고 나뉜" 하나이다. 우리 또한 그 한쪽이다. 그러니 나눔을 철두철미한 윤리의식으로 갖지 않으면 안 되는 것이다

그래서 김남주 시인은 시 「사랑1」 (『나의 칼, 나의 피』, 실천문학사, 2001)에서 노래한다. "사랑만이 겨울을 이기고/봄을 기다릴 줄 안다"고.

기다림도 나누는 행위이고, 근면도 나누는 행위이고, 희망도 나누는 행위이다. 그 나눔이 바탕이기에 인간적 윤리 또한 "사랑만이/ 인간의 사랑만이/ 사과 하나 둘로 쪼개/ 나눠 가질 줄 안다"가 된다. 이렇게 나눔을 통하여 우리는 생명적 관계의 그물에 '포함된 부분'으로 우주적 본성에 참여하고 그 본성을 실현한다.

　자기를 끝없이 나누는 살림의 행위야말로 자기 풍요를 향유하는 일이다. 우리 마음을 비워 무욕하게 할 때 자리이타적 관계가 제대로 작동한다. 자기를 나누어 관계로 이어진 생명의 그물을 든든히 했을 때, 자신은 더 커지고 풍부해지는 것이다.

경계를 허물고 또 속살을 나누는

　　　　　소유적 실존 양식에서 나눈다는 것은
자기 것, 혹은 자기를 잃는 것을 의미한다. 나누는 것은 자기 약화가 되는 것이다. 하지만 관계적 사유에서 나눔은 관계의 그물과 긴밀한 하나가 된다는 것이다. 너나들이가 된다는 것이다. 내가 점점 커지는 것이다. 실제로도 건강한 사람은 자기를 위해 쌓지 않고 오히려 비워서 점점 커지는 생명의 역동성을 얻는다.

　노자는 도덕경에서 이런 나눔과 비움을 '쌓지 않음(不積)'의 덕목으로 말한다.
　자기를 위해 쌓아두지 않고, 타자를 위할수록 자기는 더욱 있게 되고 (不積, 旣以爲人, 己愈有; 부적, 기이위인, 기유유;)
　타자에게 줄수록 자기는 더욱 많아진다.(旣以與人, 己愈多. 기이

여인, 기유다.)

자기를 위해 쌓아두면 더 담을 수 없고, 더 담을 수 없으니, 타인에게 줄 것도 없게 된다. 그런 사람에게는 나누고 주는 것이 자기 고갈을 의미한다. 하지만 자기를 비워내면 중중무진한 인연의 그물을 타고 계속 흘러든다. 계속 들어오니 또 담을 수 있고 계속 줄 수도 있다. 그래서 타자를 위하면 위할수록 자기는 더욱 있게 되는 것이다. 타자에게 주면 줄수록 자기가 더 많아지는 것이다.

이게 말장난처럼 생각되시는 분들은 사랑하는 사람과의 관계를 생각해 보라. 그 관계에서는 당신이 그에게 다 준다고 사라지지 않는다. 다 주었기에 당신은 더 커진다. 다 퍼주기에 더욱 필요한 사람이 되는 것이다. 그래서 내가 당신에게 흘러 들어가고 당신이 나에게 들어온다. 살아있는 하나가 된다. 상호 의존적인 관계는 그렇게 작동하는 것이다.

이기상 님도 법정 스님의 글을 인용하여 다음처럼 말한다. "우리는 흔히 무엇이든지 넘치도록 가득 채우려고만 하지 텅 비우려고 하지 않는다. 텅 비워야 그 안에서 영혼의 메아리가 울린다. 텅 비워야 거기 새로운 것들이 들어찬다. 우리는 비울 줄을 모르고 가진 것에 집착한다. 텅 비어야 새것이 들어찬다. 모든 것을 포기할 때, 한 생각을 버리고 모든 것을 포기할 때 진정으로 거기서 영혼의 메아리가 울린다."(이기상 『우리말철학』, 살림출판사, 2003).

이명덕 시인은 시 「엄마의 거대한 손」 (『그 여자 구름과 자고 있네』, 동광 커뮤니게이션즈, 2009)에서 그 비움의 의미를 보여 준다.

병원에 계신 어머니를 위해 귤 한 상자를 들고 갔는데, 어머니는 자기를 앉혀 놓은 채로 봉지에 나누어 다 돌려버린다. 당신과 함께 먹을 "맛 배기 하나 남김없이 돌리곤/ 냉장고 안에서 시들어 가는 귤 몇 개 꺼내놓고 먹으랄 땐/ 어이없기도" 하다.

어려운 시절을 사셨을 텐데도 그 어머니는 나눈다. 나누어야만 함께 산다는 사상이 마음에 박힌 것이다. 자기 것을 나눌 때 우리가 생겨난다는 것을, 그리고 그 우리 안에서 내가 가장 안전하다는 것을 아시는 것이다. 우리라는 공동체 속에서 나눔의 힘을 믿는 것이다. 그래서 "여전히 계산법 없는 나눔이 눈부시다."

더 많이 소유하려는 본능이 극단으로 치닫는 사회의 눈으로 보면 어머니는 바보이다. 끊임없이 나누어 주는 어머니는 바보일 뿐이다. 자가성(自家性)을 비우고 줄 수 있는 모든 것은 어쩌면 바보이다. 하지만 그 바보가 눈부시다. 자기 비움의 나눔으로 그녀는 묵묵히 밖을 열어 가고, 문턱을 무너뜨리고, 아래, 위, 옆의 경계를 허물고 마침내 "귤보다 말랑말랑한 웃음이 절로" 쏟아지게 하기 때문이다.

　필요를 연결하고, 필요한 것을 주고받고, 필요한 것을 전체로 순환시키며 함께 사는 우리를 만드는 것이다. 예전에 그 어머니가 아이들에게 자신을 나누어 가족을 풍요롭게 했듯이, 이제는 자기를 나누어 요양원에서 함께 하는 우리를 풍요롭게 한다. 우리의 풍요 속에 자기의 풍요를 느낀다. 나누어 주는 살림을 하시는 것이다.

　"어이없기도 하면서/ 여전히 계산법 없는" 나눔을 통해 자기 속에 있는 하늘을 자라게 한다. 우리의 새로운 하늘을 만들고, 새로운 하늘 밑의 세상에 놓이게 하는 것이다. 끝없이 새로운 삶이 되게 하시는 것이다.

그녀는 나눌 수 없을 때 오히려 그것에 의해 갇히게 된다. 정말 그렇다고 시인도 "엄마가 열어젖히는 문 하나는/ 또 다르게 닫힌 문 하나를 연다/ 어느덧 따라 열리는 큰 하늘"이라고 말한다. 나누는 것이 경계를 허물며 더 커지는 살림이 되는 것이다. 그래서 "속살을 나누는" 행위야말로 살림의 정수이다.

자기를 끝없이 나누는 행위는 삶에서 풍요를 향유할 수 있다. 우리 마음을 비워 무욕하게 할 때 자리이타적 관계가 제대로 작동한다. 자기를 나누어 관계로 이어진 생명의 그물을 든든히 하는 것이 커지고 풍부해지는 것임을 늘 기억하고 살 수 있기를 희망해 본다.

8장.

가난한 마음만이
다 가질 수 있다

1. 나라는 차이의 간극에 너를 들이려고 —도종환 「개울」

2. 쓰면 쓸수록 더 커지고 강해지는 —김영산 「갈대를 위하여」

   내가 있을 곳은 오직 그 뿐 —조문경 「보리밥집에서」

4. 버겁게 끙끙대며 이렇게까지 —김연이 「낙과를 주워오다가」

5. 구속하고 소외시키는 어느 순간 —최영남 「열어 놓고 사는 법」

6. 하나만으로 가득 좋아라 —최영진 「하나만으로도 가득 좋아하기」

나라는 차이에 너를 들이려고

생명의 그물을 살아가는 존재는 필요의 존재이다.
그만의 몫으로 이 세상에 살려고 왔으며, 자기 몫을 사는 것
으로 모두를 사는 존재이다. 이렇게 존재의 기초를 이해하
면, 타자의 삶을 전제하지 않는 나의 삶은 없게 된다. 나의
삶 안에는 이미 타자의 삶, 생명의 그물이 들어와 있다. 이
세상에 태어난 순간 이미 다른 삶을 '나라는 차이의 차이'로
내 몸에 들인 것이다.

나의 삶을 잘 산다는 것은 타자를 존중하며 차이로서의
내 몫을 열심히 산다는 것이다. 그러니 생명의 그물에서 윤
리적 기초는 '나에게 주어진 몫의 삶'과 '타자에 대한 존중의
마음'이 된다. 이를 한마디로 표현한 것이 '가난한 마음'이
다. 조금 속되게 표현하면, '남에 것 넘보지 말고 네 몫의

삶을 살라'가 된다.

 가난한 마음을 갖는 것도 노력의 결과이다. 당장 내가 오늘부터 가난한 마음으로 살겠노라 다짐해도 그렇게 하지 못하는 까닭은 우리가 '욕(欲)'하는 존재이기 때문이다. 사회마저 그것을 최대한 부추겨 유지되는 체계이다. 그래서 '가난한 마음'을 촉구하기란 그리 쉬운 일이 아니다.

 하지만 좋은 선택은 이미 분명하게 주어졌다. 생명적 관계를 마음에 들이고 생명 나눔을 하며 제 몫의 삶을 사는 것이다. 그를 위해서라도 자기만 생각하는 이기심을 줄여가면서 생명적 관계와 하나가 되는 것이다.

 도종환 시인의 시 「개울」 (『흔들리지 않고 피는 꽃이 어디 있으랴』, 알에이치코리아, 2014)은 다 알 수 있는 설정과 이미지의 시이다. 하지만 제 몫의 역할을 끝끝내 해내면서 전체와 맞닿는 체험은 쉽지 않다. 제 욕심 때문에 관계 속에서의 역할에 충실할 수 없기 때문이다. 시인은 생명의 그물 전체를 느끼는 조건으로, 관계 속에서의 제 역할에 충실하게 멈추지 않고 흐르는 "가슴 속 그 물빛"을 상기시킨다.

누구나 살면서 개울과 같은 시간이 있을 것이다. 산골짝이나 소읍 작은 하천에 비유될 만한 시간이다. 참 맥이 빠질 때이다. 내가 고작 이것뿐이 안 된단 말인가, 이런 삶이 무슨 의미가 있단 말인가, 세상이 잘못된 거야. 등등 충분히 나올 만한 소리다.

　하지만 개울은 그때도 최선을 다한다. 그 조건만 보면 그렇게 살다가 죽을 줄 알지만 개의치 않는다. 우리 같으면 불만에 가득 차 절망하거나 나태해졌을 것이다. 그러나 "개울은 제가 그저 개울인 줄" 알며 딱히 커다란 불평 없이 "그저 개울"을 산다. "쏘가리나 피라미를 키우는 산골짝 물"로서의 제 할 일을 다 한다. 그래서 시인은 "그렇게 겸손해서 개울은 미덥다"고 한다.

　개울은 "제가 바다의 핏줄임을 모른다/ 바다의 시작이요 맥박임을 모른다"의 상태에서도 그때그때 제 몫의 일에 충실한다. "가슴속 그 물빛" 하나 믿은 것이다. 그 물빛이 소읍 하천에서는 누런 낯빛을 한다. 공단 근처를 지날 때는 시커먼 낯빛을 하기도 한다. 하지만 다른 생각을 일으키지 않고 제 몫의 역할에 충실한다. 피라미를 기를 때 고래를 생각지 않고 그저 피라미에 집중한다. 소읍 하천을 지날 때 청정 계곡을 생각한 것이 아니라 소읍 하천의 일만 생각한다. 가장 가난한 마음으로 일한 것이다. 그래서 제 본성을 유지할 수도 있었을 것이다.

바로 그런 삶의 태도에서만 기적 같은 일이 일어난다. 물의 본성에 충실할 때 계속 쓸모의 흐름을 만들 수 있었기 때문이다. 골짜기 물일 때도 더러운 물일 때도 열심히 제 일을 하며 흐르기 때문에 "가슴속 그 물빛"이 살아난 것이다. 그 순간으로 물의 생애가 흘러간다. 그래서 시인은 말한다. "제가 곧 바다의 출발이며 완성이었음을/ 멈추지 않고 흐른다면/ 그토록 꿈꾸던 바다에 이미 닿아 있다"고.

제 본성을 유지하면서 제 몫의 일을 다 하는 가난한 마음이 이미 물의 생애라는 순환 루프를 완성한 것이다. 지금의 개울 역할에 이미 전체로서의 물의 생애가 들어와 있었다. 이미 바다에 닿아 있는 것이다. 그래서 시인은 "멈추지 않고 흐른다면", "살아 움직이며 쉼 없이 흐른다면" 그 순간으로 물의 생애가 들어온다고 말한다. 개울이라는 지극히 작은 부분에 전체가 들어오고, 전체가 부분이 되는 기적 같은 현상이 일어나는 것이다.

그것을 시인은 다음처럼 아름답게 표현한다.

개울은 바다의 핏줄이요, 바다의 시작이요, 바다의 맥박이다. 개울은 바다의 출발이며 완성이므로 그토록 꿈꾸던 바다에 이미 닿아 있다.

제 몫의 역할에 충실하게 최선을 다한다면 전체를 살게된다. 가난한 마음이 되어 제 몫의 역할, "살아 움직이며 쉼없이 흐른다면" 그게 생명의 그물 전체를 사는 최고의 삶이 되는 것이다.

쓰면 쓸수록 더 커지고 강해지는

　　　　　가난한 마음은 생명의 그물 전체를 생각한다.
그 안에서 제 몫의 삶을 생각한다. 그 실천으로 생명이 흘러
가고 들어올 수 있도록 최선을 다했을 때 생겨나는 윤리이
다.

　인디언들은 모두가 저만의 고귀한 선물을 가지고 이 세상
에 살려고 왔다고 말한다. 그래서 삶이라는 여행길에서 이
선물을 나누며 사는 것이 생의 목적이라고 한다. '자기가 가
장 잘하는 것을 남을 위해 쓰는 것'(이것을 자리이타라고 할 수 있으
리라)이다. 이것이 가난한 마음이다.

　하지만 우리는 자기가 가장 잘하는 일을 자기를 살리는
데만 쓰곤 한다. 사회가 그런 삶을 부추기다 못해 강제하기

도 한다. 그래서 가난한 마음은 의식적인 노력이 필요하다.

  인디언 할머니의 말씀이다.
  "할머니는 사람들은 누구나 두 개의 마음을 갖고 있다고
하셨다. 하나의 마음은 몸이 살아가는데 필요한 것들을 꾸려
가는 마음이다. 몸을 위해서 잠자리나 먹을 것 따위를 마련
할 때는 이 마음을 써야 한다. 그리고 짝짓기를 하고 아이를
가지려 할 때도 이 마음을 써야 한다. 자기 몸이 살아가려면
누구나 이 마음을 가져야 한다.
  그런데 우리에게는 이런 것들과 전혀 관계가 없는 또 다
른 마음이 있다. 할머니는 이 마음을 영혼의 마음이라고 부
르셨다. 만일 몸을 꾸려가는 마음이 욕심을 부리고 교활한
생각을 하거나 다른 사람을 해칠 일만 생각하고, 다른 사람
을 이용해서 이익을 볼 생각만 하고 있으면 영혼의 마음은
점점 졸아들어서 밤톨보다 더 작아지게 된다……

  그런 사람은 살아 있어도 죽은 사람이 되고 만다. 할머니
는 어디서나 쉽게 죽은 사람들을 찾아낼 수 있다고 하셨다.
여자를 봐도 더러운 것만 찾아내는 사람, 다른 사람들에게서
나쁜 것만 찾아내는 사람, 나무를 봐도 아름답다고 여기지

않고 목재와 돈덩어리로만 보는 사람. 이런 사람들이 죽은 사람들이었다.

영혼의 마음은 근육과 비슷해서 쓰면 쓸수록 더 커지고 강해진다. 마음을 더 크고 튼튼하게 가꿀 수 있는 비결은 오직 한 가지, 상대를 이해하는 데 마음을 쓰는 것뿐이다. 게다가 몸을 꾸려가는 마음이 욕심부리는 걸 그만두지 않으면 영혼의 마음으로 가는 문은 절대 열리지 않는다. 욕심을 부리지 않아야 비로소 이해라는 것을 할 수 있기 때문이다. 더 많이 이해하려고 노력하면 영혼의 마음도 더 커진다."(포리스터 카터 『내 영혼이 따뜻했던 날들』, 아름드리미디어, 2019)

인간은 가만 놔두면 제 몸을 생각하는 마음이 커지게 마련이다. 그것을 동력으로 돌아가는 체계의 사회라면 더욱 그럴 것이다. 하지만 그게 커지게 되면 존재는 균형을 잃고 암세포처럼 변한다. 결국에는 자기뿐만 아니라 모두를 해친다. 이것이 욕심의 운명이다. 이미 "살아 있어도 죽은 사람"이다.

그래서 삶은 늘 자기를 돌아보며 몸과 영혼을 꾸려가는 조화를 추구해야 한다. 이것은 가난한 마음을 실천하려는 의

지적인 노력이다. 인디언 할머니의 표현대로라면, 육체의 이기성(利己性)을 견제할 영혼의 마음을 키우는 실천이다.

김영산 시인은 시「갈대를 위하여」(『벽화』, 창작과비평사, 2004)에서 사슴이 먹이를 먹는 행동을 보면서 생명적 관계로 흘러가는 모습을 유추한다. 풀을 뜯어 먹는 행위를 생명적 관계에 대한 기도 행위처럼 본 것이다. 풀을 뜯어 먹는 사슴이 뿌리가 뽑힐까 염려하여 앞발로 잡고 뜯으며 두리번 두리번거린다. 이때 "두리번두리번거리며"야말로 생명적 관계에 놓이려는 그들만의 마음 씀일 것이다.

그러니 육체적 이기성이라는 말을 당연하게만 받아들이고 무감각해져서는 안 된다. 가난한 마음은 풀을 뜯어 먹을 때도 뿌리가 뽑힐까 조심한다. "두리번두리번거리며"의 행동이다.

이렇게 생명적 관계를 제 몫의 삶으로 구체화하여 실천하는 것이 이런 가난한 마음이다.

내가 있을 곳은 오직 그뿐

동물의 본능은 자기 배를 채우면 멈춘다.
더 많이 먹는 것은 속을 불편하게 하고 소화 기능을 떨어뜨린다. 그래서 먹는 것을 멈춘다. 이것을 닫힌 본능이라고 부른다. 인간의 소유적 본능은 끝이 없다. 특히 소유적 본능을 삶의 동력으로 경쟁시키는 사회에서는 인간성의 파괴로까지 나아간다. 이런 끝없는 인간의 소유적 본능을 열린 본능이라고 부른다.

"열린 본능으로서의 지능은 자유로운 본능이라는 의미를 지니기도 하지만, 또한 제약이 없는 본능이라는 뜻을 함의하기도 한다. 제약이 없다는 것은 본능이 찾는 이익을 무제약적으로 좇으려는 그런 충동성이 있음을 말하기도 한다."(김형효 『철학적 사유와 진리에 대해』, 청계, 2004)

그런 충동에 몸을 맡기면 깊은 이기심에 빠진다. 하지만 인간을 포함하여 이 우주의 모든 존재는 생명의 그물이 '스스로 그러하게' 살아가도록 설계되었다. 그의 필요에 따라서, 그 필요의 몫을 나눠 받은 존재일 뿐이다. 따라서 생명의 그물이 낸 자기만의 차이의 몫을 살아갈 수밖에 없다. 어떤 경우에도 그 몫을 넘어서거나 모자라게 사는 것은 다른 이의 삶을 침해하게 되는 것이다.

고대 산스크리트 시인은 시 「세상을 정복하더라도」에서 세상을 다 정복하더라도 나를 위한 도시는 오직 하나, 하나의 방, 하나의 침대, 한 여인과 잠들겠다고 한다. 다 가질 수 없는 생의 조건을 말한 것이다.

삶에서는 다 가질 수 없을 뿐만 아니라 동시에 다 살 수도 없다. 그렇기에 그 시간 그 장소를 돌아서면 그곳은 다른 이의 것이다. 천하를 호령해도 그 앞에 있는 사람뿐이다. 다른 곳에서는 다른 사람의 다른 삶이 있다. 이것이 우리 생의 조건이다. 그러니 이것을 알아 제 몫을 하는 것이, 오히려 생명의 그물 전체를 사는 일이다.

그런데도 인간의 소유욕은 끝이 없고, 그것으로 자기 족쇄를 채운다. '부분으로서 전체'를 살지 못하고, 자기로 하여 그물이 엉키게 한다.

천하를 얻었어도 "내가 있을 곳은 오직 그곳뿐"이다. 그것을 넘어설 수 없는 것이 우리 생의 조건이다. 그렇기에 원대한 포부를 가질 때도 분명히 해야 할 것은 '타자의 몫은 타자의 몫으로' 두는 것이다. 이것이 자기 몫의 삶을 충분히 사는 일이다. 자기 몫의 삶으로 생명의 그물 전체를 사는 것이다. 그때 비로소 '웃고 담소를 나누는 삶'이 된다.

조문경 시인은 시「보리밥집에서」(『항상 난 머뭇거렸다』, 내일을 여는 책, 2003) 우리 생은 한 끼니에 "한 끼니 먹는 사람"이다 말한다. 생각해 보면 이처럼 지상에서의 삶을 정확하게 표현한 말도 없을 것 같다. "보험 설계사부터 웅진코웨이, 암웨이, 자동차 중개사, 광명 카센터, 스님, 교수 등등", 잘난 사람도 못난 사람도 한 끼니를 먹는다. 그것도 "그들이 앉았던 자리에 그들이 먹었던 수저로" 먹는다. 그가 서울에 살던 부산에 살던 홍천에 살던 한 끼니를 먹고 가는 사람이다. 보리밥집이라는 공간을 확장해 지상에서의 삶을 연상하더라도 마찬가지이다. 그게 생의 법이다.

이렇게 말하면 한 끼니의 질(質)을 이야기하는 분도 있을 것이다. 하지만 살기 위해서 먹는 한 끼니는 그리 차이 나지 않는다. 굳이 끼니의 질을 말하는 분은 "마당 한 켠/ 못생긴 과꽃이 쳐다본다"는 서정의 의미를 생각해 봐야 한다.

이 시에서 가장 아름다운 부분이기도 한 과꽃은 관상용 꽃에 밀려난 꽃이다. 그저 시골 어느 구석에 자리하는 꽃이다. 하지만 그 꽃은 꽃으로서 아무런 부족함이 없고, 제 몫의 삶을 살아간다. 그 과꽃이 이곳을 다녀가는 사람들을 보며 무엇을 생각했을까? 꽃이 본 사람들은 똑같은 한 끼니를 먹는다는 것뿐이다. 그들이 잘났던 못났던 보리밥집에서의 한 끼니(지상에서의 한 끼니)는 대동소이한 것이다. 따라서 그 과꽃과의 조우는, 생이라는 화원에서는 한 끼니의 기교에서 의미가 찾아지는 것이 아니라는 말씀의 표상이다.

그렇기에 지금 그 과꽃은 말한다.
다 가질 수 없다. 한 끼니에 한 끼의 음식밖에는 먹지 못한다. 그 이상을 탐하지 말라.

버겁게 끙끙대며 이렇게까지

욕심부리는 것은 좋지 않다고 다들 잘 안다. 처음엔 필요한 것을 얻으려고 시작한다. 그러나 인간의 소유적 본능은 무의식적이다. 어느 순간 자신도 모르게 탐욕으로 변한다. 더 절묘한 것은 자신이 욕심을 부린다는 것을 알았을 때도 자기를 합리화할 명분을 만든다. 하지만 욕심은 그저 욕심일 뿐이고, 그 욕심은 죽음으로 이끈다.

에릭 프롬은 소유적 관계가 죽음의 관계를 낳을 수밖에 없는 이유를 다음처럼 설명한다.

"소유적 실존 양식은 사유재산에서 파생되어 나온다. 이 양식에서 중요한 것은 오로지 나의 것으로 하는 것과 그렇게 취득한 것을 보유하는 무제한적 권리이다. 소유지향의 태도는 타인을 배제하며, 나의 재산을 지키고 그것을 생산적으로 활용하려고 고심하는 것 이외에는 자신에게 다른 노력을 요구하지 않는다. 그것은 불교에서 욕진(欲塵)이라고 부르고, 유태교와 기독교에서는 탐욕이라고 부르는 태도에 다름 아니다. 이 태도는 모든 인간과 사물을 죽은 것으로, 나의 힘에 종속된 대상으로 변질시킨다.……

소유적 실존 양식에서는 나와 나의 소유물 사이에 살아 있는 관계가 형성되지 않는다. 소유물은 물론 나도 사물이 되며, 내게 그것을 소유할 가능성이 주어졌기 때문에 지금 나는 '그것'을 소유하고 있다. 그러나 그 반대의 관계도 있을 수 있어서, '그것이 나를 소유하기도' 한다. 내가 나 자신임을 확인하는 느낌이나 나의 심리적 건강이 '그것'과 가능한 한 많은 사물을 소유하는 데에 의존하는 경우이다.

이렇듯 소유적 실존양식은 주체와 객체 사이의 살아 있는 관계나 생산적 과정에 의해서 생기는 것이 아니다. 그것은 주체와 객체를 사물로 만든다. 그 관계는 죽은 것이며, 살아 있는 관계가 아니다" (에릭프롬 『소유냐 존재냐』, 범우사, 1999).

이런 이유로 욕심은 생명에게 좋은 것이 아니다. 생명적 관계에서는 암세포가 되기도 한다. 또 그것을 합리화하기 위해 아름다운 명분을 지어내서 생명적 관계를 혼돈에 빠뜨린다. 욕심부리다가 몸이 상하는 경우는 흔히 볼 수 있는 상황이다.

김연이 시인은 시 「낙과를 주워 오다가」에서 그런 욕심의 밑받침이 되는 아름다운 명분을 보여 준다.

살구나무가 "심한 비바람으로/ 아직 푸른 생명까지" 떨궜다. 아직 덜 익은 살구를 떨구려면 생살이 찢기는 아픔이 있다. 만약 나무가 욕심을 내어 움켜쥐고 있었다면 가지째 부러지는 더 큰 아픔이 있을 수 있다. 그래서 살구나무는 제 몸에 알맞은 정도만 남기고 살구를 떨어뜨린다. 그게 순리이다. 이때 살구나무가 살구를 떨어뜨리는 기준은 무엇일까? 자기가 견딜 수 있는 만큼의 무게만 남기고 떨어낸다는 것이다. 그 이상은 모두 욕심이기 때문이다.

그런데 시인은 크고 온전한 살구들을 잔뜩 주워 담아 끙끙대며 끌고 간다. 입으로는 "결국은 이렇게 비우고 가는 거야 중얼거리면서" 자신은 채우는 것이다. 그냥 채우기만 하는 것이 아니라 "가득 채워서 나누어 갖겠다"는 "아름다운 명분"도 만들어 채웠다. 이것이 세상 사람의 병이다. 누구나 '더!'를 외칠 때는 그것을 합리화할 명분을 만드는 것이다.

하지만 명분의 정당성과 무관하게 그것이 생에 하중을 가하는 것에는 변함없다. 욕심이 될 뿐이다. 그게 생명 세계의 변함없는 법이다. 그 순간 시인은 '그것은 욕심일 뿐이다'는 하중을 고스란히 느낀다. 그래서 "버겁게 끙끙대면서 집으로 향하다가/ 어쩌면 나, 이렇게 끝까지 갈지도 모른다"는 각성에 이른다.

이렇게 되는데도 생을 무겁게 하는 욕심을 계속 부릴 수 있을까.

생명의 그물은 우리에게 늘 '알맞게' 생(生)하고 활(活)기찰 것만을 요구한다. '아름다운 명분'조차도 생을 넘어설 때는 중지할 것을 요구한다. 생을 되찾는 자유는 명분에서 나오는 것이 아니다. '아름다운 명분'조차 풀어버리고 생명적 관계의 그물을 호흡하며 제 몫의 일을 할 때 충만한 삶이 되는 것이다. 그때 비로소 생생한 삶과 자유가 오는 것임을 명심하자.

구속하고 소외시키는
어느 순간

필요는 어느 순간부터 자기를 소외시키고 구속한다. 그리고 매우 유혹적으로 아름다운 명분의 세계를 구축한다.

묘한 일이다. 생명체를 생명체로서 움직이게 했던 최초의 동력으로서의 욕(慾)이 어느 순간을 넘어서면 눈을 멀게 한다. 오히려 길을 잃게 하는 원인이 되어버린다. 나를 살리던 것이 어느 순간부터는 나를 죽이는 것이 되는 것이다. 그래서 적당한 소유에서 멈추는 삶은 없을까 생각해 보게 된다.

최영남 시인의 시 제목은 「열어 놓고 사는 법」이다. 담은 있으되 문이 열려있는 집이다. 요즘 세상에 그렇게 사는 것은 쉽지 않은 일이다. 그래서 뭔가를 생각하게 한다. 담이 높아지고 보안장치가 많을수록 뭔가를 많이 가진 삶일 것이다. 많이 가지는 것이 문제일 수는 없지만 '가지는 것'의 성격은 문제가 될 수도 있다.

예를 들어 내가 가진 것에 의존하는 사람이라면 가진 것이 곧 나이다. 가진 것을 지키는 일이 나의 안전을 지키는 것이 된다. 하지만 많이 가지고 있어도 내가 그것에 집착하지 않는다면 그것을 지키기 위해 애를 쓸 필요는 없다. 오히려 갖고 있는 것이 무겁고 불편하게 느낀다. 그래서 그렇게 되지 않도록 더 열어둘 것이다.

문을 닫고 사는 삶은 생명을 받기만 하고 흘러가게는 하는 능력을 도태시킨다. 그래서 활짝 열린 집의 의미는 '필요 이상을 가지지 않고 흘러 나가게 하는 삶'의 형태가 된다. 뭔가를 지키기 위해 담을 쌓으면 쌓을수록 불안은 더 높아진다. 가진 것을 잃을까 하는 두려움이 커지는 것이다. 시인도 "불현듯 무섬증이 확 들어" "자꾸만 잠이 깬다/ 틈틈이 무서운 생각들이/ 자랐다 사라지고"의 상태가 됐다고 말한다. 엄마에게는 가장 자유로운 공간인데 나에게는 불편한 공간이 된 것이다.

그에 대해 에릭 프롬은 다음처럼 말한다.
"그들은 필연적으로 불안정할 수밖에 없다. 그들은 자신이 가지고 있는 것, 돈, 권력, 자아 ─요컨대 그들 자신의 외부에 있는 것에 의존하고 있다. 그렇게 소유하고 있는 것을 잃을 때, 그들은 어떻게 될 것인가?……

만약 나의 소유가 곧 나의 존재라면, 나의 소유를 잃을 경우 나는 어떤 존재인가? 패배하고 좌절한, 가엾은 인간에 불과하며 그릇된 생활방식의 산 증거물에 불과할 것이다. 소유하고 있는 것이란 잃을 수 있는 것이므로, 나는 응당 내가 소유하고 있는 것을 언제이고 잃을세라 줄곧 조바심 내기 마련이다.

도둑을 겁내고, 경제적 변동을, 혁명을, 질병을, 죽음을 두려워할뿐더러, 사랑하는 행위에도 불안을 느끼며, 자유, 성장, 변화, 미지의 것에 대해서 두려움을 가진다. 그리하여 나는 신체상의 질병뿐만 아니라 내게 닥칠 수도 있는 온갖 손실에 대한 끊임없는 걱정에 싸여 살며 만성적인 우울증에

시달리게 된다. 더 많이 소유하고자 하는 욕구에 떠밀려서 방어적이 되며 가혹해지고 의심이 많아지고, 결국 외로워진다"(에릭프롬 『소유냐 존재냐』, 범우사 1999).

시적 화자에게 일어난 현상이 이와 같은 것이다. 시인의 말처럼, "그저 문을 열어 놓은 것일 뿐인데". 정말 많은 생각들이 스쳤을 것이다. 이런 삶의 유형이 도대체 뭐란 말인가?

그래서 돌아오는 길에 "보도블록 틈으로 씩씩하게 올라온 저 풀은/ 어떻게 저처럼 살 수 있을까/ 잠도 자고/ 움켜잡은 것 하나도 없이"라는 감정을 말하게 된다.

정말 보도블록 틈에서도 씩씩하게 자라고 있는 풀들은 움켜잡은 것 하나 없어도 잠을 잘 잔다. 바람이 불면 흔들리고, 해가 나오면 와—소리치며 맛있게 먹을 것이다. 발길에 밟힐 수 있으니 더 낮고 부드럽게 자신을 만든다. 외부에 의존하지 않고 내부적으로 방법을 모색한 것이다. 그러니 따로 문을 만들 필요도 잠글 필요도 없다. 자기 몸이 세상의 문이다. 풀과 인간의 삶은 다르지만, 소유적 삶을 최소화한 "엄마 사는 방식대로/ 나 아주 어렸을 때처럼" 뭔가 같은 삶이다.

실제로 시골 사시는 어머니와 아버님은 아직도 그런 삶을 사신다. 속되게 말해서 잃을 것이 없는 가난한 삶이다. 어쩌면 도둑마저도 훔쳐 갈 것 없으니 오히려 방문객 행세를 할지도 모른다.

얻고 잃는다는 개념은 소유적 본능이 삶의 중심에 놓여 이익으로 계산될 때부터 생겨났다. 일 년 먹을 쌀이 2가마로 충분하다면 애써서 10가마를 가질 이유가 없다. 이익이 되기 때문에 움켜쥐는 것이다. 그 이익만큼 안전하다고 생각하기 때문이다. 하지만 그것 때문에 잃는 것도 있다. 바로 참된 나의 삶이다.

그런 사실을 에릭 프롬은 다음처럼 정리한다.
"가진 것을 잃을 수 있다는 위험에서 생기는 불안과 걱정은 존재적 실존양식에는 없다. '존재하는 자아=나'일 뿐 '소유하고 있는 것=나'가 아니라면, 누구도 나를 앗아가거나 나의 안정과 나의 주체적 느낌을 위협할 수는 없을 것이다. 나의 중심은 자신의 내부에 있고 −존재하면서 나의 고유한 힘을 표현하는 능력은 나의 성격 구조의 일부로서 나에게 달려 있다.……

이성의 힘, 사랑의 힘, 예술적 및 지적 창조력 등 −이 모든 본질적 힘은 그것을 사용함으로써 불어난다. 베풀면 상실되지 않으며, 반대로 붙잡고 있으면 잃기 마련이다. 존재적 실존 양식에서 나의 안정에 대한 유일한 위협은 자신의 내부에 있다. 삶에 대한 믿음과 나의 생산적 힘에 대한 신념의 결여에, 퇴보적 성향에, 내면적 게으름에, 나의 삶의 결정을 타인에게 떠맡기려는 것에 등" (에릭프롬 『소유냐 존재냐』. 범우사. 1999).

한마디로 네 몫의 삶에 충실히 사는 것이 답이라는 말이다. 무언가로 대신하려고 하지 말고, 네 몫의 기능으로 최대한 살라는 말이다. 그리하면 더욱 건강한 생명이 되고 기쁨을 누리는 삶이 된다. 생명의 그물이 준 삶을 생산적이고 창조적이게 '열어 놓고 사는 법'이 되는 것이다.

하나만으로도 가득 좋아라

자만과 탐욕 그리고 시기심이라는
엔진으로 돌아가는 현대의 경제 체계 속에서 대안적 교육을
모색하는 분이 예로 든 이야기를 재인용한다.

"말레이시아에 있는 마을인 캄퐁에 머무르고 있을 때의
일입니다. 근처 오두막에는 노인 한 명이 살고 있었는데, 그
는 아주 온화한 사람으로 평소에 늘 웃으며, 항상 담소를 나
눌 여유를 가지고 있었습니다. 어느 날 나와 마을 사람들이
그를 만났는데, 그는 자전거 위에다가 그 지역 시장에 내다
팔 람부탄 다발을 싣고 있었습니다. 대화 중에 그가 말하기
를, 시장에서 람부탄의 값이 아주 높은 시기에 날씨가 좋아
서 수확을 많이 냈다고 했습니다. 그는 시장에 열매를 너무
많이 가져갈 필요가 없기에 행복하다고 했습니다. 일을 적게

하고도 충분한 돈을 벌 수 있다는 것입니다. 얼마간의 교육을 받은 한 젊은이가 다소 우월한 태도로, 그가 평상시보다 더 많은 물건을 시장에 가져가면 훨씬 더 많은 돈을 벌 수 있다고 지적해 주었습니다. 하지만 그 노인은 이렇게 대답했습니다.

"내가 무엇 때문에 훨씬 더 많이 필요로 하겠소? 나는 이 정도만 팔아도 충분하오."

그 노인에게 있어서, 람부탄으로 인한 행운은 돈을 더 많이 벌 기회가 아니라, 일을 적게 하고 삶을 더 많이 즐기기 위한 기회로 보였던 것입니다. 그 노인은 질적으로 생각했는데, 그 젊은이는 현대적 태도인 양적으로 생각하고 있었던 것입니다."(매튜 폭스 루퍼트 쉘드레이크 <교육에 생기 불어넣기>, 《처음처럼》에서)

"내가 무엇 때문에 훨씬 더 많이 필요로 하겠소? 나는 이 정도만 팔아도 충분하오."라고 말할 수 있는 마음자리, 우리들은 오랫동안 그 마음자리를 잊고 살았다. 삶의 질을 생각하는 마음이 없어진 것이다. 그런 것들은 돈만 많이 벌면 따라 오는 것으로 생각한다. 어쩌면 이익을 많이 남기는 것에 기쁨을 느끼는 인간이 되었는지도 모른다.

그래서 '삶을 더 많이 즐길 시간'이라는 말이 참 낯설다. 삶을 즐기기 위해 돈을 버는데 정작 람부탄 따는 노인 같은 생각과 삶을 살지 못한다. 지금 당장 삶을 느끼고 생각할 수 있는 마음자리가 없다. 그래서 "소사과욕(少私寡欲, 사사로움을 줄이고 욕심을 적게 하라!)"이라는 말이 떠른다.

이 말과 더불어 다음과 같은 생각을 해보자.
1) 오늘 기뻐할 것을 오늘 기뻐하라.
2) 쌓아두려고 '더' 욕심내지 마라.
3) 충분함을 아는 삶을 살라(혹은, 족함을 아는 삶을 살라).
4) '더 많이 즐길 시간'을 가치의 기준으로 하라.

최영진 시인의 시 「하나만으로도 가득 좋아하기」에서는 오래전 우리에게도 있었던 삶의 원형을 볼 수 있다. 아이와 함께 식당에 갔는데 계산대 직원이 "들어올 때 두 개씩 손에 쥐어줬는데 나갈 때 또 사탕을 준다" 아이는 앞에 받았던 사탕 두 개를 계산대에 버려놓고 한 개를 받으려고 두 손을 내민다. 올려놓은 두 개 사탕은 아랑곳없이, 올려놓았다는 사실마저 잊어버린 것처럼, 사탕 하나에 꽂혔다. 아이는 아직 하나 더 갖는 것에 대한 개념이 없다. 지금 받는 사탕 하나로 충분하다. 더 받을 수 있는 것을 계산하여 지금의 즐거움을 버리지 않는다. 이는 람부탄 따는 노인이 더 많이 벌기 위해서 지금의 즐거움을 희생시키지 않는 것과 같다.

많은 사람이 지금을 즐겨야 한다는 사실을 알고 있다. 그러나 더 갖기 위해 유보한다. 람부탄 따는 노인에 나오는 젊은이처럼 이익을 더 얻기 위해 더 일해야 한다고 생각한다. 즐거움을 느낄 수 있는 곳은 지금 여기인데도 유보하는 것이다.

이렇게 삶의 질이 문제로 떠오르면 축적에 대해서도 다른 생각이 가능하다. 더 많이 가지려는 것이 목적이라면 계산대 직원이 가르쳐준 대로 다른 한 손으로 받으면 된다. 하지만 지금이 기쁜 아이들은 다르게 행동한다. 향유의 즐거움이 가득하기에 '하나 더'가 중요하지 않다. 오히려 이전에 가지고 있었다는 것조차 잊고 사탕을 받는 즐거움을 만끽한다. '지금'만 가득하고 '지금'으로 충분한 것이다.

우리가 잃어버린, 지금 생의 기쁨을 누리는 능력이다. 아이는 "하나만으로도 가득하다 지금/ 아니 가득할 줄 안다"로 그것을 실행했다. 우리도 이제 "내가 무엇 때문에 훨씬 더

많이 필요로 하겠소? 나는 이 정도만으로도 충분하오."라고
말할 줄 알아야 한다. 이것이 생명의 그물에서 삶의 질을 생
각하는 삶이고 이것이 '족함을 아는 마음(知足)'이다.

　노자는 다음처럼 말한다.
　족함을 아는 것이 부한 것이고, 행함을 굳세게 하는 것이
뜻이 있는 것이다. (知足者富　强行者有志(지족자부, 강행자유지─〈도덕경〉
33장에서)
　족함을 아는 것! 그 순간 모든 경쟁은 멈추고 세상은 평화
로워진다. 비록 작은 일이지만 생명의 그물 속에서 자기 몫
을 알아 넘어서지 않고 충실하게 살면 가득 찬다.

　이렇게 생명의 그물을 자기 몸속에 들여놓으면 욕심을 부
리지 않는다. 생명의 그물 자체가 '알맞음'으로 짜여 있기
때문이다. 욕심은 생명의 그물 속에서 그것이 준 자기 몫의
삶을 넘어설 때 생겨나는 것이다. 그러니 내 몫의 삶이 무엇
인지 알아야 한다. 그것을 즐겁게 행하며 산다면 욕심이 들
어설 자리는 현저하게 줄어들 것이다. 그런 세상이 되기를
희망해본다.

맺음말. 물처럼 흘러가는 삶을 위해

이 세상에 우리가 왔다.
그 이전에 우리가 어디에 있었으며 이후에는 어디에 있을까?

"'있음'(存在)이란 없음과 없음을 잇고 있는 순간적인 연결고리일 뿐이다. 존재하는 모든 것은 무(無)에서 생겨나 주어진 삶의 에너지를 불사르며 존재 속에서 되어가다가 에너지를 다 소진한 뒤에는 다시 '무' 속으로 사라져 간다."고 이기상은 말한다. (이기상 『우리말 철학』 살림, 2003)

있음이란 '없음'과 '없음' 사이를 잇는 순간적인 연결고리, 그 순간의 고리에 우리가 살고 있다. 무에서 생의 세계로 와 살다가 다시 무로 돌아가는 것이다. 그래서 우리의 삶은 〈하숙생〉이라는 노래처럼 "인생은 나그넷길 구름이 흘러가듯 정처 없이 흘러서 간다"이다. 정에도 머물지 말고 미련에도 붙들리지 않고 구름처럼 흘러가는 것이다. 물처럼 흘러가다무(無, 이것을 무엇이라고 부르던)가 부르면 다시 무로 돌아간다.

조문경 시인의 시 「텅 비다」에서처럼 한 무리의 아이들이 아파트 놀이터에서 놀다가 엄마가 부르면 집으로 돌아간다. 그렇게 놀이터는 텅 빈다. 그 놀이터에서 울었건, 웃었건, 혼자 있었건, 여럿이 있었건, 무엇인가와 더불어 논 것이 전부이다. 우리의 삶이 그렇다. 놀다가 부르면 갈 수밖에 없다. 그러니 가능하면 재밌게 놀자. 정도, 미련도 두지 말고, 지금을 가득 느끼며 살아야 하는 것이다.

그럼 그렇게 사는 것은 어떤 것일까?

이 책을 통하여 그런 방법을 모색할 수 있기를 희망해 본다.

좋은 의도이든 나쁜 의도이든 요즘은 시의 전문을 실을 수가 없다. 언제부터 저작권이 작가의 붓끝을 멈추게 했는지 모르겠지만, 그것이 작가들의 자긍심을 키워주는 것인지는 잘 모르겠다. 세상이 자본의 논리로 돌아가더라도 문단은 물들지 않기를 바라는 것은 나의 욕심일 것이다.

좋은 시가 많이 알려지고, 그것으로 한 사람이라도 생각이 바뀔 수 있다면, 저작권 이상의 가치가 있다는 생각이다.

법이 그러하다니 전문을 싣는 대신 저작권에 저촉되지 않게 필요한 부분만 인용했다. 좋은 시를 다 읽을 수 없음은 안타깝지만, 독자들이 꼭 찾아 읽으리라 믿는다.

시의 게재를 허락해 주신 작가분들께 다시 감사함을 전한다. 출처를 찾을 수 없는 시는 출처를 싣지 못했다. 또한 연락처를 알 수 없는 분들은 허락을 구할 수 없었다. 좋은 시를 소개하고 싶은 마음을 이해해 주시길 바란다. 늦더라도 연락을 주시면 책을 보내 드리는 것으로 감사함을 전하고 싶다.